Taste of Freedom

Poems and Essays for Freedom Lovers and Seekers

Janet Kaufmann

Taste of Freedom

L'Esprit de Liberté / Sabor a Libertad

Copyright © 2023: Janet Kaufmann

All rights reserved. No part of this publication may be produced, distributed, or transmitted in any form or by any means, including photocopying, recording, or other electronic or mechanical methods, without the prior written permission of the publisher, except in the case of brief quotations embodied in critical reviews and certain other non-commercial uses permitted by copyright law.

First Printed in United Kingdom 2023

Published by Conscious Dreams Publishing
www.consciousdreamspublishing.com

Edited by Elise Abram and Daniella Blechner

Translated into French and Spanish language by Janet Kaufmann

Typeset by Oksana Kosovan

ISBN: 978-1-915522-21-4

I never thought I'd become a writer
First, I could not speak
I was silenced
But my words grew strong inside
Until the day they broke out
And gave truth a name
Truth cannot be hidden
Truth must be spoken
Sometimes my words come in streams
Like a river that consciously flows
The current cannot be stopped
The current will find its way
The current will carry you away
Sometimes my words catch moments
The magic of moments
Through the eyes of a poet
Art can be judged
Art can be forgotten
Art does not care
Art is Free
Free is Love

Contents

I. Mother Africa 7

    Egypt.. 8

    Expand from Nothing 11

    The Great Unknown...12

    Travel 13

    Way of Life...14

    Dance Like an African 16

    The Ocean 17

II. European Daughter...19

    Leap of Faith 1.. 20

    Nomad 21

    Birth the New World 22

    Ibiza.. 24

    The Invisible Border... 27

    Language of the Heart... 28

    Build a Better Future.. 29

    Freedom Street 30

    Where Are My Cool People? 32

    Yesterday Doesn't Count.. 34

    Leap of Faith 2 36

    Out in the World 38

    Put Down Your Arms 39

    Freedom 40

Travel Travel 41

Celebrate 43

III. Soul's Place 45

Your World is as Big as you Make it 46

Scotland 47

Taste of Freedom... 48

Stranger in the Street 49

What you Love 50

Skye 51

Kings and Queens of the Hearts 52

Soul Mate 53

IV. Place of Birth... 55

Strawberries in May 56

Early Spring 57

City People 58

Home... 59

Who Wants to Run the World? 60

Cosmic Loving 63

Born to be Free 64

July... 65

Eternity 66

Drops of Gold 67

Summer... 68

Gratitude 69

About the Author... 70

I. Mother Africa

Egypt

Egypt felt like coming home from the first moment on. Ancient land of the golden sun, the kings and the queens. Friendships, memories from another time. Land of power and wisdom. Death and rebirth. The desert and the sea. Purest joy of existence, exuberance, passion, rhythm and sound. Adventure. Life. In its full complexity. One million smiles and gestures from the hearts. I have been welcomed as a friend. I was made a part of the family. Egyptians have an amazing sense of community and hospitality. They are poor but happy. The pyramids connect all places and all times. Climbing inside the inner chambers through the narrow tunnels was a dream come true. The locals know about their secret. Their power and light. Meditation is forbidden here, but if you speak to the guardians and give them tips they will show you around, and you will probably see them meditating themselves—in secret—absorbing the energy as if it were their life's essential bread. They are programmed into the Muslim religion and practice it, more out of obedience, custom, or forgetfulness. But she will remind you, the Great Sphinx of Gizah, ancient Egyptian leonine race, sitting there for thousands of years in her majesty, power, and perfection. After Gizah and Cairo, I went to the Red Sea, where I lived in a beach house with some lovely people in a small, very chill fishing village. From there, I crossed the desert to go to Mount Sinai, Mount Moses. The media and government warn against travel in the Sinai Peninsula. They say it is a dangerous terrorist land with tourists getting kidnapped. The locals there say it is not true, and my experience was different. When I went through the desert and saw a Bedouin (local Native tribe) village of a few huts, goats, and camels, I asked my driver to stop. Women were waving me towards them when they spotted me approaching slowly and carefully through the desert sand. They invited me for tea. We sat around the fire, sharing silence, smiles, laughter, and togetherness. There was a connection. Of course, it was not planned. I move by intuition and inner guidance, and I go where I am called to go, trust who I feel to trust or get invited from. This is how I stay safe, and I am at the perfect place at the perfect time. I am a part of it all, and I have my own inner compass, and I prefer to listen to the locals instead of tourist guides. I am not a tourist. For me, it is all about connecting to the soul of the land and the people through an open heart and mind instead of seeing all of the tourist attractions when I travel. It is all about seeing, sharing, connecting, exchanging, and learning. Growing and expanding. We are all one, all equal, all the same, just in different costumes and colours. After I had tea with the Bedouins, a young man from the tribe took me in a very old car to his favourite place in the desert. This place—so crystal clear, pristine, pure. The most magical place. Total silence, the freshest air, the colours, the powerful sacred energy. The whitest, softest desert sand, framed by red rocks sharpened by the sand and the wind. Before I left, he gave me two crystals from this place that is full of crystals. It is in the desert where you learn everything, not in the oasis. It is one of the most spiritual and beautiful places. Where secrets will be revealed to you. Where you will remember yourself.

Dahab, Egypt, March 2021

Expand from Nothing

When there is nothing left on the outside to dress or adorn ourselves with, nothing to blind ourselves with, no more false beliefs to pick up from the outside, but only those that come from our own godly creative mind after we have released those that come from ego—illusions—it is in the vast nothing after we have faced the darkest shadows and overcome the greatest fears, the fear of nothing—where we find our own inner white light shining through—the pure essence of our being, where love comes from and multiplies. Where we are free. At the zero point. The origin. Where all times and limiting beliefs collapse. Where our greatest power lies. One with Creation. Where we are Creation. Where nothing becomes everything.

Dahab, Egypt, March 2021

The Great Unknown

Holding the perfection and eternity of the moment in each moment, in your memories and in your heart, forever. Never go back or try to own—no matter how much you love the place or that person but trust that you can never lose what you love the most, even if you cannot hold it in your hands—love goes beyond. Never go back is one thing I have learned because it would take away that moment, that memory, that perfect life that is this perfect moment. No past, no future, only this moment—that is all we have got. Only go back to what you want to call home, if not, go further and keep exploring. It is calling me again, and I know that I must not go back but dive deeper into the great, great unknown. Africa.

Gizah, Egypt, March 2021

Travel

All I want is to travel again
No more waiting just to live
Out of a tiny backpack amidst the ocean of life
Absorbed in a thousand different colours, rhythms and flavours
Every day a new wonder
Every day a brand new life

Cape Town, South Africa, March 2022

Way of Life

I am grateful and glad to be reminded of the message spirit has sent me in the form of a rare caracal that we recovered on the street this morning outside of this little South-African mountain town where I am staying at the moment, which is a happy community of local African people and a few white people where wild horses roam freely in the streets. I immediately sensed a spiritual message—everything has a spiritual meaning if you can/want to see it or not—that was brought through this beautiful type of African lynx that felt like 'Wisdom', and it is, indeed, the spirit animal for true seeing and observation. It is the master of sensing things that others miss or ignore. To follow my intuition is absolutely crucial on this Africa journey and generally, in life, much more than planning things out, which is what most people would do. I have a rough route in mind, and there are some people I want to meet up with and things I want to do within some weeks, maybe months—the rest is going with the flow, letting things unfold, trusting my intuition where to go, when and with who, trusting my feeling, whether it feels right or wrong, whether to move on or stay, and live in the present moment overall, enjoying this epic adventure of my lifetime. The objective of my trip is personal growth, expansion, and exploration, inspiration as much as exchange, community, creation, and connection. To everything. To the locals, the travellers I meet on the journey, to the animals and plants, to the rocks, to the land. To the soul of the land. To the origin. Africa. And, of course, it is for fun. To have lots and lots and lots of fun, which is easy. There is always a party somewhere around the corner here, and it is for living. Just to live life different from what we were told. Not being bound to one job, one house, my belongings—I can find that anywhere, anytime—or to a too-large suitcase that could be an obstacle in Africa. I travel with a tiny backpack—how liberating to see what we really need and don't need in life. Not being bound to place and time. Rolling. Being free. There are millions of possibilities, as I am not limited in my beliefs. Anything is possible; I learned this a while ago. This is not a holiday; it is a way of life.

Greyton, South Africa, March 2022

Dance Like an African

In South Africa, they still have separate neighbourhoods, graveyards, schools, pubs, etc., for the coloured, the black and the white people. Last night, I went with my Dutch and South African friends to a pub of the coloured people we were invited to, and I haven't had such a blast in ages. The whole place was bouncing with African vibes, dancing people, drinking people. They drink lots here just for fun (myself, I stopped drinking years ago)—people playing pool together, hanging out together, and everybody was so relaxed and free in their expressions—they just have the moves. It is the opposite of the culture I was born into. We were welcomed by all of those beautiful, warm-hearted, smiling, very cool people of all ages with open arms. We were chatted up, hugged, and asked for selfies and to dance together. They said that colour doesn't matter, only what is in the heart. These are the real moments that I love most about travel. Wherever you go in the world, you will find that we are all one. These are the real experiences that cost nothing and that you don't have on an organised safari trip that costs a fortune. Just stop at a random place in the country and dance with the locals. Dance like an African.

Creyton, South Africa, March 2022

Here Comes

The Ocean

Washing Your Soul

Wilderness, South Africa, April 2022

II. European Daughter

Leap of Faith 1

The leap of faith can be the scariest thing, but only then will you reap the big magic and fun—when you overcome your own limits and learn to ride the waves, and you will get used to the epic life, having left your comfort zones for a long time.

Chorefto, Greece, May 2021

Nomad

I am a nomad

Tasting different cultures

No culture can imprison me

When I am swinging from one to another

Every time richer

Every time happier

True friends last forever

Cape Town, South Africa, March 2021

Birth the New World

We have literally been f*cked. Whoever understands my language knows that I am talking about energy and history and how we have been ruled, violated, suppressed and pushed around by patriarchal energies through power and control from above in the form of religion and executive states and power for millennia. Now, this is coming to an end, which results in crisis, war, and chaos around the globe as if it was the last helpless shout-out of something going under. What comes next is a rebirth, and birth happens by itself. There is much divine force in Creation itself, and the new is just set in its place without having to ask for permission or the right time; it happens naturally, by itself, without being forced but with a sacred power. Suddenly, it is here, and it needs no explanation why. Everybody loves the newborn, but the birth pangs are painful. It is time to let it fully out now. Let it walk by itself; let it grow. Don't hold it back anymore. This is a metaphor and vision for the new energies being born and the new ways of life we came here to create. To give you an example, for me, this precisely means to avoid low vibrational surroundings, establishments, or people that have no understanding of freedom, boundaries, or values, no love. It means to live my talents, mission, and my freedom, to co-create together with my soul family instead of working for people in businesses that don't align with this new era. This goes along with lots of friction of everything that still inherits the old patriarchal and low energies, people, or situations. I have only just noticed it coming across with so-called *machistas* here in Spain recently, who are not the only ones who are irritated as f*ck by these new energies and believe me—it affects all areas of life and leaves nobody unaffected. This happens to clear the old and reach a universal balance that has been lacking. Imagine Yin and Yang, the male and female, balancing out and this is to liberate us from everything that has kept us under control and power, imprisoned, held small. Now let the new out; let it fly. Fly high.

Puerto de San Miguel, Ibiza, May 2022

Ibiza

The truth is that I don't really like living in the Western world anymore because it has become too much of a world of money. You won't discover these things as a tourist with glasses (sunglasses), but only upon a second glance. I went to Ibiza because I had never been there before and because of the good memories I had of Spain, where I lived 16 years ago. I lived in San Sebastián in the Basque Country, and making a living was not as difficult as it is today. The world changes fast. I do not envy the people who now live in their luxury apartments all day long, at home in front of their computers, working for a strange online company to be able to pay for their apartments with a swimming pool on the beach. This kind of new apartment with palm trees and no soul but it gives its inhabitants the illusion of being something better than those who never manage to leave their village on the country that wakes up every day at the time of *aperitivo* when they gather together in the immortal, numerous bars, every day and every year the same thing. In the end, those who stay are the disillusioned ones who give the poor village a bad name. Where do the others go? Those few who want to escape from this senseless world? To the 'Third World'? How I wish I was there now. Countries like

Nicaragua come to my mind. Anyway, they must be places where nobody goes (there are a few also in Europe) because in this case, originality is guaranteed, pure life that does not revolve around money alone, great opportunities to plant trees with our hands in the youthful earth, to grow our world of dreams with people who do not care about money in the first place but about being human—real community that has been lost in the modern Western world. I must stop dreaming and come back to the present moment. Spain is the best place to practise my Spanish, the first reason why I came here. Castilean, the clear Spanish, is only spoken here. I have to motivate myself and go into the streets every day again and discover what I don't know yet —what lies beyond my imagination. Walking with this feeling of freedom under the hot Spanish sun with my hair down and my dress floating in the wind between the orange and lemon trees, rejoicing in the sea of flowers of a thousand colours growing in the innocent land, it does give me this feeling. For me, the hippie Ibiza no longer exists; it is a nostalgia of another time that people here still try to imitate and sell in the various hippie markets and exclusive shops. Being a hippie is not a style—it is a feeling, and it can neither be bought nor sold. It is a feeling of freedom and love in the heart that is not preserved with jewellery or clothes, nor does it depend on place or time. It is a feeling that grows inside and is carried with every step around the world every day.

San Miguel, Ibiza, May 2022

The Invisible Border

Everything could change in a very small moment if I crossed the border between Spain and France. The language, the food, the way of life, but not yet—I'm not ready to leave Spain yet. The mountain doesn't care about the border; the weather is the same on one side or the other. Animals don't stop in front of it, and the problems of the world don't exist here either. She, nature, is much more powerful than the border, which is an artificial line that can never separate us.

Candanchú, Spanish Pyrenees, June 2022

Language of the Heart

Me, I like to see things from the inside. The superficial bores me. Seeing things through a foreign language that becomes a familiar language as you speak it every day is a special sensation. An unknown world opens up to you because you open yourself to know it. Speaking the language of the country is the most intensive way to get to know the 'other world', its customs, its curiosities, its people, its culture, its mentality. One enriches oneself with the 'foreign' in everyday life. Language opens doors, opens worlds. Don't call me a foreigner, don't call me German. I live, work, speak just like you. Even if I am different, it doesn't matter. No matter my accent, no matter my physique. The world is so beautiful because we are the same but unique, because we are made of a thousand colours and shapes. The different colours and shapes give us different aspects; the heart gives us one common world. Its language needs no translation.

Jaca, Spain, June 2022

Build a Better Future

I hitchhiked to Torla-Ordesa today, one of the hidden villages deep in the Spanish Pyrenees that people leave for life in the city and the rest hang out in the local pub or run one of the few hotels or tourist shops. If people had more imagination and would stick together as a community, they could turn such hidden gems into thriving little paradises, but many people are searching for happiness elsewhere. Communities do exist here; some people are populating and building up some of the many abandoned villages. If you want a house for free, you might find it here. Me, I treated myself with some of the best local dark forest honey I ever had on bread for lunch in the shade of the stone cottages, absorbing the fresh mountain air, having a running, sports-wearing tourist giving me a confused look—haha—and with a strong coffee in the local bar before I dipped into the wild river down in the valley. Good life is soo easy. It was a lovely day of exploration, and I am asking myself: Why do we not build a better future ourselves instead of searching for it elsewhere?

Torla-Ordesa, Spanish Pyrenees, June 2022

Freedom Street

I have to say that life is pretty good in Spain, good and cheap—well, cheap at least compared to the UK. I had forgotten how one feels in Spain. It was 16 years ago when I lived here, and I am telling you, it was *la fiesta* every day from Monday to Sunday, non-stop; this, too, is typical of Spain. Spanish people like to party, and now that I am back in Spain—even though it is not for a long time—I am observing how people go out every day to stroll or sit in the squares, especially after lunch, and in the evenings until late at night, and on the weekends, and the bars get filled already in the mornings. They don't do this in Germany, where I was born. There, the villages seem empty, people stay at home a lot and don't go out as much to meet in the squares or bars like in Spain. The Spanish seem much more social and open, and they think the Germans are cold and reserved. After all, there are intelligent and less intelligent, nice and unfriendly people all over the world. There is no country with the most enlightened people. I don't think so, at least not in Europe, although I have to say that I have noticed that people in general who live amidst nature and with fewer effects of a governmental system very present in their lives often seem more conscious, more awake, more creative, more thoughtful.

Jaca, Spain, June 2022

Where Are My Cool People?

What the f*ck! I am still not driving around in a Land Rover with this cool, sexy, grinning, tall, strong, handsome man of mine, and that is fine! F*cking proud I am of myself to have come this far, alone, being single for six years; no, thanks a lot; I don't do online chats; keep it to yourself. But that's not my point. I want to surround myself with cool people, but the older you get, the rarer they seem to become. I remember exactly the way I saw the adults from a child's perspective when I was small. I found them pathetic and couldn't understand why they made their lives so complicated for themselves. Do you remember seeing them this way? What's their f*cking problem? I asked myself. Then, from my timid childhood days, I crossed over quite abruptly to the rebellious and wild twenties, and after that, to the lonesome thirties. Not that I felt much lonely. I just became sick of society and felt different, misunderstood, like an outsider. Here is the crucial point, and I assert that every single human being comes across such feelings at least once in a lifetime, and what happens next is conformity, fitting in, people-pleasing, and following society's rules and regulations. What for? Not to stand out!? What is the problem with standing out? I will answer this later. Here is what many people never do—

I was not able to adapt or shut up; I distanced myself to get a very clear picture of myself and to heal myself from the wounds and punishment for standing out that made me feel small. And so I found myself. This took me years, and if you miss out, if you miss out being yourself, you become strange! A strange adult, happy on the outside, miserable on the inside. Now, my strange days are over, and I feel different no more. I just feel like myself. Everybody must be himself. But where are the cool people? Unfortunately, many people seem to become boring with age, and they often blame it on their children or on society's need to conform, but that, of course, is just an excuse. Many others are absorbed in their daily struggles of not being themselves, not living the lives they dreamt of as children. I know that there exist many cool people out there, but if you argue now that you are one of them but rare to find because you don't like people, you are not cool because you think you are different. Superior. You are not, and neither am I. Whatsoever, I am not looking for cool people in *cool places* in groups for *cool people* or behind *cool labels* because it is uncool to limit yourself like this. Expect the unexpected when you are cool enough to be yourself. Anytime. Anywhere. No labels needed.

Jaca, Spain, June 2022

Yesterday Doesn't Count

Going back to a place where you lived in the past is a strange sensation—normally, I don't do it because you will be disappointed that the place is no longer the same as it used to be. I prefer to keep the good memories as they are and keep discovering places that I don't know yet, but as I was next door, I've come for a day. Of course, everything has changed a lot, as I, myself, have, and as everything changes. I loved my life here, where I lived 16 years ago—when I arrived, I was amazed to see how people smoked joints on the terraces of the bars and cafes just like that during the day. There was a very free and relaxed atmosphere, which can still be noticed in some parts of the city, and there were very few foreigners. My flat next to the beach cost a month what they now charge in the same area for a night! Places are only special before the mainstream discovers them. Donostia (San Sebastián in Basque) is another place that has become too trendy and where everyone wants to go, so now it's not for me anymore, and I don't like living in big cities anymore anyways. My discotheque, *Zurriola*, at the beach where I used to dance until the mornings also closed down, but the bar where I worked still exists, and I gave the same owner a nice surprise. I had some beautiful and strong emotions arise when I saw the green hills of the Basque Country in the mystic fog again, which has nothing to do with Spain—it has its own culture, language, and identity, people with a lot of heart, and their passionate fight for independence, which always fascinated me. What it has in common with Spain is that life is spent outside in the street, people go out a lot, and it is very easy to meet people. When the slowly setting sun on the beaches turns the beautiful facades of Donostia to a golden glow, I come back to the eternal moment, and I am happy together with all of the people strolling joyfully through the beautiful city.

San Sebastián, Spain, June 2022

Leap of Faith 2

I thought I was an experienced traveller already, but little did I know. The adventure gets better every time, so does the experience, and the learning never stops. Now, I am looking back, amused at the memories of the recent rough moments that are a part of every adventure. The uncertainty of where you will sleep at night, the exhaustion from carrying little, but all you really need in life on your back under the Spanish heat with the destination lying open. I am looking back, amused at the moments you hated—having beans in tomato sauce, three days in a row when you're far away from everything, and then having your favourite calamari, three days in a row at the local pub when you finally made it back into civilisation, which all makes up for it together with the few but special encounters along your way that you will never forget while you were looking for a place to install yourself for a bit longer to become fluent in Spanish again—a mission you had nearly given up while crossing the mountains, rivers, and seas, and you understand that every step of your journey was and is always perfect—that you are always in the right place—something which you often only see much later. And then suddenly, you find yourself working with these lovely people from Spain, Columbia, Honduras, Romania, and

Africa who all open up your mind and heart together in this hidden gem of a 200-year-old hotel in this medieval town at the foot of the Pyrenees you stumbled upon in the last attempt when you wanted to go as far away as possible from commercial mass tourism, and where you suddenly get to speak the four languages you're fluent in with the guests, and learning and applying new and old skills, and you're feeling thrilled about your own adventure and your perseverance and your faith with the Spanish, heavy church bells ringing in the background scene while you're lying in the shade of the citadel with the crickets' sound, and you now know that you can do this in any part of the world and have done in a few countries already—the leap of faith. You can just go anywhere and anytime whenever you wish to go away from home because you love the discovery of the unknown, which is all a part of yourself, and you love your life, and you grow rich inside.

Jaca, Spain, June 2022

Out in the World

If I spend too much time within society's norms and programs, too much time in cities, I quickly feel stuck. Routines kind of bore me. When I wander through the world, I am full of imagination and creativity that cannot flourish in a world of limits, in comfort zones, within everyday life, of always doing the same, turning in circles. Outside, I grow strong, and I feel free.

Riglos, Spain, June 2022

Put Down Your Arms

Defend your home country for what? Where does this thought come from, mine, yours? Why do the soldiers who are now arming themselves all over the world—here in the Spanish Pyrenees there are thousands who are preparing themselves, as I have been told, and I saw them in the mountains doing shooting exercises—why do they carry out the orders of those who rule the country from above in the first place? Defending their land is a lie. It is a game between madmen. The human being is not evil but good at heart and is made for community that is based on values, morals, and respect, and if they tell you otherwise, don't listen to the madmen. The one who steals the land from the people will never become happy with the stolen land. You can never lose your land. Let the madman be unhappy with the stolen land instead of killing him, and keep watering our land because, in the hands of the thief, it will dry out.

Jaca, Spain, June 2022

Freedom cannot be achieved through bloodshed but in the depths of the heart.

Basque Country, Spain, June 2022

Travel Travel

It's not in Paris or Bordeaux (I already knew) where I came to celebrate these last days of my special trip, my epic trip. It's in the pretty and unpretentious city of Bayonne in the French Basque Country where I want to celebrate this moment, life, me, you, and everyone else. It was a very complex journey, with lots of little joys, surprises, life lessons, extraordinary realisations, and a lot of challenges where I could prove to myself every time how to never give up on my principles and my independence, even in difficult situations, and how to always rely on my inner voice, my intuition, at every step. It was a journey all included with ups and downs like life itself, and in the end, what remains are only smiles, good memories, and a deep happiness inside of the heart. The stations of my journey manifested themselves by surfing the waves of each day; nothing was planned. That's what fascinates me: the unknown. Plans and holidays are not for me. The illusion that everything is perfect from one moment to the next in an expensive holiday village would depress me. I create my life and my holidays by myself with complete freedom. For me, real travel is one of the most exciting feelings. To be a part of the daily life abroad, that moment when they invite you to play bowls (*jouer aux boules*) in the central square in a small village in the country, the moment when they invite you to eat with their family, the big paella is for everyone. The most special parts of a trip are, indeed, the smiles and the encounters that you will never forget. They touch your heart and make the trips what they are. After all, you get used to the small differences in food, climate, ways of life, and you realise that we are all the same, that we are all one big family. But the enrichment that travel gives you—the different perfumes, climates, colours, images—these are the things without which I could never live, they are the things that give me inspiration and satisfy my hunger to discover without ever stopping, learning about life and speaking foreign languages never ends, and there is no better school in the world than travel. Long live travel, the traveller, and the travelleress!

Bayonne, France, June 2022

I **Celebrate** my Freedom. Today and every day.

Aquitaine, France, June 2022

III. Soul's Place

Your World is as big as you make it,
And mine has no limits

Outer Hebrides, Scotland, August 2020

Scotland

Magical land of the fairies, the elements, the freedom and
eternal love
Hiding your rugged beauty in misty rain
To those who understand you, you will lift the clouds and
Reveal your soul in all your glory
You made me find myself in the middle of nowhere
And made me understand that nowhere is everywhere
That we are one
Connected through each rock, leaf and whisper of the wind
And with every passenger we meet on this beautiful journey

Highlands, Scotland, October 2018

Taste of Freedom

Gazing at the shimmer of the silver sea
That rolls gentle waves towards me
In my white sandy bay
On an island far away
From the world's load and people's concerns
Where seagulls, seals, and dolphins are my only company
I find myself in this perfect place and time
That fills my heart with utter bliss,
And everything makes sense like this.

Outer Hebrides, Scotland, August 2020

Stranger in the Street

Hello, stranger in the street,
Come on over; let's meet.
Tell me your story; I'll tell you mine
You make me smile how you drink your glass of wine
We share this moment and then part ways,
Strange encounters in a strange place
In this game with a strange name
Life will never be the same.

Cork, Ireland, June 2019

What you Love

You let Free

This is the Greatest Love

Isle of Skye, Scotland. June 2021

Skye

Skye
Cosmic play
Of black and white
Day and night
Dark and light
Neverending universal dance
Of the polarities
Every day being witnessed in the
Sky e

Isle of Skye, Scotland, September 2022

Kings and Queens of the Hearts

True kings and queens wear no crown of gold and diamonds, and they don't sit on a throne—thank you for the final show. They walk at the same height as everybody else, and their crown is only visible to those wearing it, too. It consists of the deep realisation that everybody is truly equal, sovereign, independent, and free, no matter their origin, colour, occupation, status, or beliefs. It is carried by a body of light manifested through a consciousness of love and oneness that resides in everybody's heart to awaken and rise. It's a new age; it's a new dawn, kings and queens of the hearts.

Isle of Skye, Scotland, September 2022

Soul Mate

Where are you?
Mirror of mine
Our hearts will unite
In the grey sea of people
You're the candle shining most bright

Isle of Skye, Scotland, October 2022

IV. Place of Birth

Strawberries in May

Why does the night follow the day?
Why do we have seasons?
Ebb and tide?
Strawberries in May, raspberries in June, cherries in July?
The rhythm of life unties me

Saxony, Germany, August 2021

Early Spring

Early Spring
Go out
Sit by the stream, catch the sun, listen to the bird's song
Eat the first leaves
And let the fresh breeze
Revive your spirits

Ore Mountains, Germany, March 2022

City People

City People

Turning in circles

Caught in your concrete prison

Always on the run

Looking for the next show

Or hiding in your closets

You don't know the secrets of the wild and free world

That scares you

Because you don't remember yourself

Saxony, Germany, August 2021

Home

And when the thousand anemones that line my path
And the bird's song in the rustling firs
And the warmth of spring rising from the ground already
hint at the not-too-distant summer,
where I will lie in the sun-soaked moss in my little forest
that smells of berries, mushrooms and of home
and meanwhile, I indulge in the beautiful colourful life in
the big wide world,
Then, I am happy.

Ore Mountains, Germany, March 2022

Who Wants to Run the World?

Those who run the world build our world on law and order, but who is that one who feels the need to tell other people what is right or wrong and what to do? This can only result from an attitude of feeling superior, which is a very dangerous way of thinking because everyone is truly equal, and I despise any idea of leadership or hierarchy because it always implements inequality, imbalance, unrighteousness. If people didn't focus on a leader, they would start to empower themselves by learning to make healthy decisions for themselves as well as for others. Ego would shrink by the discovery of their own heart, which naturally builds values like empathy, respect, love, tolerance as much as boundaries from within, and there would be no need for controlling society from above as much by means of power and control. But they start with their programming and conditioning at an early age when children get intimidated and have to obey—their parents, in school, do this, do that, and it continues into adult life; by when many people have completely lost the courage to stand up for themselves—to make healthy decisions for themselves, others and with their lives, and it is all due to a lack of love. They lost the ability to think freely, to be free. To be happy. So, who are the ones that like to make laws and orders for other people? The ones who don't trust that their fellow humans have the capacity to make healthy decisions for themselves? And why don't they trust? Because they have no trust in themselves. They have no love, and we don't want the world to be run anymore by those without heart, by narcissists who are not able to take wise steps towards a happy, healthy society based on equality and community instead of concurrence and pressure to perform. Everybody is good at something, and there would be no need for psychopaths running companies that the world doesn't need or those in the streets abandoned by society because they did not make the run. Everybody could fulfil their very own and special role in society if we were not told from an early age that we must fit in but were encouraged to freely unfold ourselves instead of competing with one another. There would be less envy, hate, and egoism, and we would wish to cooperate and learn from one another. You might have heard about some Native tribes that have no leader or hierarchies but live in true community with everybody fulfilling their special roles and with lots of respect for the wise elders, and how does Western society treat the elders? Deportation into a nursery home addicted to tablets—something must have gone badly wrong if you end up this way, and how did the colonial powers treat the Native tribes? Exterminated and exploited them out of a narcissistic attitude of superiority. Telling people what is wrong or right is truly the last thing we need to do. Everybody must start to think for themselves, and there is a lot to rethink. Rethink and rebuild. From a place of love. Because there is no greater power other than love.

Saxony, Germany, May 2022

Cosmic Loving

People smiling
Nature booming
Systems cracking
New ways arising
Cosmic loving

Saxony, Germany, July 2022

Born to be Free

Not born to be conditioned and spend half of our childhood stuck in a building executing orders from adults that presume to know. Not born to be programmed. Not born to fit in. Not born to be afraid. Born to discover. Born to create. In tune with nature and all living things. Born to be free.

Saxony, Germany, July 2022

July

Sweet, warm summer breeze
Gently stroking over my cheeks
Concert of the dancing leaves
By vast golden summer fields
Where the first acorns are falling
And bird berries are ripening
Hearts are widening
By the glory of Creation

Ore Mountains, Germany, July 2022

Eternity

When I am strolling over the fields
Gazing at the houses in the distance at the foot of the green hills in the shade of the big forest
I feel like a child
Time stands still
Before my eyes, a painting
Capturing a perfect moment of eternity

Ore Mountains, Germany, August 2022

Drops of Gold

Few drops of gold
Golden rain
Fell down in the height of the summer's evening sun
They amused the ducks
Quack quack loud
When all the people are gone
Magic will come
The wind sings a song
Owl makes her sound
In my favourite place
My beautiful little secret space

Ore Mountains, Germany, August 2022

Summer

Summer, my true love
Filled us with your overabundance
Soaked up with life
Neverending glorious days
Soon to fade away
Until next time
When we'll fall in love again

Ore Mountains, Germany, August 2022

Gratitude

Grateful for my place of birth, place of origin, connections to my family and other special people. For my safe home in nature. I am grateful for the country and system that taught me qualities like discipline, perseverance, sincerity. To be one brave pioneer. The place that gave me the chance to rebel, to wake up, to break free, to love. Every time more.

Ore Mountains, Germany, September 2022

About the Author

Janet Kaufmann was born in the former GDR in the East of Germany where she witnessed the Berlin Wall coming down as a child. She graduated in Education, Psychology and Foreign Languages at the University of Leipzig in Germany. Besides German, she speaks fluent English, French, Spanish and Italian. She has been working as a school teacher and private teacher in Germany, Russia, Italy and Hungary as well as a journalist for the international department of the German MDR television and the French ARTE televison among many other different jobs in Germany, France, Spain, Monaco, England, Scotland and more to gain life experience and to afford her travels.

She wrote her first book *Age of Liberation* in 2021 after immersing herself in her own path of liberation, exploration and expansion. This book shows us how we can reach inner freedom, independence, unity consciousness, power and liberation from the conditioning and programming of society and culture by walking our soul's path and how to overcome limiting belief systems.

The author lives between Germany and other parts of the world that she frequently travels for exploration, exchange, interaction, growth, fun and inspiration and to meet up with friends and family. She is an embassador for freedom, equal rights, and justice through self-empowerment, self-realization and heart, nature, creativity, and community orientation. She avocates new liberated beliefs, ways of life and education as well as diversity and multilingualism. Writing has become an important part of expression in her life with her heart's desire of sharing messages of freedom, love and oneness with the world. She is a piano player and singer. She likes dancing, hiking, skiing, horse riding, photography, arts and music. She loves to spend time in nature and with her family and friends. She loves life.

My mind is as crystal clear as the desert air
My consciousness is the cosmos
My heart is the world
My feet are the earth
I am the ocean, the wind and the stars
You are the sun, I am the moon
I am you and you are me
We are One
We are Love

L'Esprit de Liberté

Poèmes et Essais pour les Amoureux
et les Chercheurs de Liberté

Janet Kaufmann

Je n'ai jamais pensé que je deviendrais écrivaine
Au début, je ne pouvais pas parler
Ils m'avaient réduite au silence
Mais mes mots sont devenus forts à l'intérieur
Jusqu'au jour où ils ont éclaté
Et ont donné un nom à la vérité
La vérité ne peut être cachée
La vérité doit être dite
Parfois, mes mots coulent à flots
Comme une rivière qui coule consciemment
Le courant ne peut être arrêté
Le courant trouvera son chemin
Le courant t'emportera
Parfois, mes mots capturent des moments
La magie des moments
A travers les yeux d'une poète
L'art peut être jugé
L'art peut être oublié
L'art ça ne l'importe pas
L'art est Libre
Libre est l'Amour

Sommaire

I. Mère Afrique 81

Égypte 82
S'Étendre Du Rien 85
Le Grand Inconnu 86
Voyager 87
Mode de Vie 88
Danse comme un Africain 90
L'Océan 92

II. Fille Européenne 93

Saut de la Foi 1 94
Nomade 95
Donne Naissance au Nouveau Monde 96
Ibiza 98
La Frontière invisible 101
Langage du Cœur 102
Construis un Meilleur Avenir 103
Rue de Liberté 104
Où sont mes Gens cool? 106
Hier ne compte pas 109
Saut de la Foi 2 111
Dehors dans le Monde 113
Déposez vos Armes 114
Liberté 115

Voyage Voyage 116
Je célèbre 118

III. Terre d'Âme 119
Ton Monde est aussi grand que tu le fais toi 120
Écosse 121
L'Esprit de Liberté 122
L'Étranger dans la Rue 123
Ce que tu aimes 124
Skye 125
Rois et Reines des Cœurs 126
L'Âme Soeur 127

IV. Terre Natale 129
Fraises en Mai 130
Début du Printemps 131
Gens de la Ville 132
Terre Natale 133
Qui veut gérer le Monde ? 134
L'Amour cosmique 137
Né pour être libre 138
Juillet 139
Éternité 140
Gouttes d'Or 141
L'Été 142
Gratitude 143

Sur l'Auteur 144

I. Mère Afrique

Égypte

Dès le premier instant, l'Égypte, c'était comme rentrer à la maison. L'ancien pays du soleil doré, des rois et des reines. Des amitiés et souvenirs d'un autre temps. Terre du pouvoir et de la sagesse. De la mort et de la renaissance. Le désert et la mer. La joie la plus pure de l'existence, l'exubérance, la passion, le rythme et le son. L'aventure. La vie. Dans toute sa complexité. Un million de sourires et de gestes du cœur. J'ai été accueillie comme une amie. On a fait de moi un membre de la famille. Les Égyptiens ont un sens étonnant de la communauté et de l'hospitalité. Ils sont pauvres mais heureux. Les pyramides relient tous les lieux et tous les temps. Grimper dans les chambres intérieures par les tunnels étroits était un rêve devenu réalité. Les habitants connaissent leur secret. Leur pouvoir et leur lumière. La méditation est interdite ici, mais si tu parles aux gardiens et leur donnes du pourboire, ils te feront visiter les lieux et tu les verras probablement en train de méditer eux-mêmes—en secret—absorbant l'énergie comme s'il s'agissait de leur pain vital. Ils sont programmés par la religion musulmane et la pratiquent plutôt par obéissance, par coutume ou par oubli. Mais il te rappellera, le Grand Sphinx de Gizeh, ancienne race léonine égyptienne, assis là depuis des milliers d'années dans sa majesté, sa puissance et sa perfection. Après Gizeh et Le Caire, je suis allée à la Mer Rouge où j'ai vécu dans une maison de plage avec des gens adorables dans un petit village de pêcheurs très tranquille. De là, j'ai traversé le désert pour aller au mont Sinaï, le mont Moïse. Les médias et les gouvernements mettent en garde contre les voyages dans la péninsule du Sinaï. Ils disent que c'est une terre terroriste dangereuse où les touristes se font kidnapper. Les habitants de la région disent que ce n'est pas vrai et mon expérience a été différente. Quand j'ai traversé le désert et que j'ai vu un village de Bédouins (tribu indigène locale) composé de quelques huttes, de chèvres et de chameaux, j'ai demandé à mon chauffeur de s'arrêter. Les femmes me faisaient signe de venir vers elles quand elles m'ont vu approcher lentement et prudemment dans le sable du désert. Elles m'ont invitée à prendre le thé. Nous nous sommes assis autour du feu, partageant le silence, les sourires, les rires et la communauté. Il y avait une connexion. Bien sûr, ce n'était pas prévu. Je me déplace selon mon intuition et ma guidance intérieure et je vais là où je suis appelée à aller, à qui je fais confiance, par qui je me fais inviter. C'est ainsi que je suis en sécurité et au bon endroit au bon moment. Je fais partie de tout cela, j'ai mon propre compas intérieur et je préfère écouter les gens du coin plutôt que les guides touristiques. Je ne suis pas une touriste. Pour moi, il s'agit de me connecter à l'âme de la terre et aux gens en ouvrant mon cœur et mon esprit, plutôt que de voir toutes les attractions touristiques quand je voyage. Il s'agit de voir, partager, se connecter, échanger et apprendre. Grandir et se développer. Nous sommes tous unis, tous égaux, tous les mêmes, juste en costumes et couleurs différents. Après avoir pris le thé avec les Bédouins, un jeune homme de la tribu m'a emmenée dans une très vieille voiture à son endroit préféré dans le désert. Cet endroit—si clair comme du cristal, immaculé, pur. L'endroit le plus magique. Le silence total, l'air le plus frais, les couleurs, la puissante énergie sacrée. Le sable du désert le plus blanc et le plus doux, encadré de rochers rouges taillés par le sable et le vent. Avant de partir, il m'a donné deux cristaux de cet endroit qui est rempli de cristaux. C'est dans le désert qu'on apprend tout, pas dans l'oasis. C'est l'un des endroits les plus spirituels et les plus merveilleux. Où les secrets te seront révélés. Où tu te souviendras de toi.

Dahab, Égypte, Mars 2021

S'Étendre Du Rien

Quand il n'y a plus rien à l'extérieur pour nous habiller ou nous parer, plus rien pour nous aveugler, plus de fausses croyances à capter de l'extérieur, mais seulement celles qui viennent de notre propre esprit créatif divin après avoir libéré celles qui viennent de l'ego—des illusions—c'est dans le vaste rien après avoir affronté les ombres les plus sombres et surmonté les plus grandes peurs, la peur du rien, où nous trouvons notre propre lumière blanche intérieure qui brille à travers—l'essence pure de notre être, d'où l'amour vient et se multiplie. Là où nous sommes libres. Au point zéro. L'origine. Là où tous les temps et les croyances limitatives s'effondrent. Là où se trouve notre plus grand pouvoir. Un avec la Création. Où nous sommes la Création. Où le rien devient tout.

Dahab, Égypte, Mars 2021

Le Grand Inconnu

Garder la perfection et l'éternité du moment dans chaque moment, dans tes souvenirs et dans ton cœur, pour toujours. Ne jamais retourner en arrière ou essayer de posséder — peu importe à quel point tu aimes cet endroit ou cette personne, mais croire que tu ne pourras jamais perdre ce que tu aimes le plus, même si tu ne peux pas le tenir dans tes mains — l'amour va au-delà. Ne jamais retourner en arrière est une chose que j'ai apprise parce que cela enlève ce moment, ce souvenir, cette vie parfaite qui est ce moment parfait. Pas de passé, pas de futur — seulement ce moment, c'est tout ce que nous avons. Retourne seulement à ce que tu veux appeler ta maison, sinon va plus loin et continue à explorer. Il m'appelle à nouveau et je sais que je ne dois pas retourner, mais plonger plus profondément dans le grand inconnu. L'Afrique.

Gizah, Égypte, Mars 2021

Voyager

Tout ce que je veux, c'est voyager de nouveau
Ne plus attendre, juste vivre
D'un petit sac à dos au milieu de l'océan de la vie
Absorbé dans un millier de couleurs, de rythmes et de saveurs différentes
Chaque jour une nouvelle merveille
Chaque jour une toute nouvelle vie

Cape Town, Afrique du Sud, Mars 2022

Mode de Vie

Je suis reconnaissante et heureuse que l'on me rappelle le message que l'esprit m'a envoyé sous la forme d'un rare caracal que nous avons trouvé dans la rue ce matin à l'extérieur de cette petite ville de montagne sud-africaine où je réside en ce moment qui est une communauté heureuse d'Africains locaux et de peu de gens de peau blanche où les chevaux sauvages se promènent librement dans les rues. J'ai immédiatement ressenti un message spirituel—tout a un sens spirituel, que l'on veuille ou non le voir—apporté par ce magnifique type de lynx africain qui ressemblait à la 'Sagesse' et qui est en effet l'animal spirituel de la véritable vision et de l'observation. Il est le maître de la détection des choses que les autres manquent ou ignorent. Suivre mon intuition est absolument crucial dans ce voyage en Afrique et dans la vie en général, bien plus que de planifier toutes les choses comme le feraient la plupart des gens. J'ai un vague itinéraire en tête et il y a des gens que je veux rencontrer et des choses que je veux faire dans les semaines, voire les mois à venir—le reste consiste à suivre le courant, à laisser les choses se dérouler, à faire confiance à mon intuition, à savoir où aller, quand et avec qui, à faire confiance à mes sentiments, qu'ils soient bons ou mauvais, à savoir s'il faut aller de l'avant ou rester et à vivre dans le moment présent surtout, à profiter de cette aventure épique de ma vie. L'objectif de mon voyage est la croissance personnelle, l'expansion et l'exploration, l'inspiration autant que l'échange, la communauté, la création et la connexion. À tout. Aux habitants, aux voyageurs que je rencontre sur mon chemin, aux animaux et aux plantes, aux pierres, à la terre. À l'âme de la terre. À l'origine. L'Afrique. Et bien sûr, c'est pour le plaisir. Pour avoir beaucoup, beaucoup, beaucoup de plaisir, ce qui est facile. Il y a toujours une fête quelque part au coin de la rue ici et c'est pour vivre. Juste pour vivre la vie, différente de ce qu'on nous a dit. Ne pas être lié à un travail, une maison, mes affaires—je peux trouver cela n'importe où et n'importe quand—ou à une trop grande valise qui pourrait être un obstacle en Afrique. Je voyage avec un petit sac à dos—quelle libération de voir ce dont nous avons vraiment besoin et pas besoin dans la vie. Ne pas être lié à l'espace et au temps. Rouler. Être libre. Il y a un million de possibilités comme je ne suis pas limitée dans mes croyances. Tout est possible; je l'ai appris il y a longtemps. Ce ne sont pas les vacances; c'est un mode de vie.

Greyton, Afrique du Sud, Mars 2022

Danse comme un Africain

En Afrique du Sud, ils séparent toujours les quartiers, les cimetières, les écoles, les pubs, etc. pour les gens de couleur, les gens de peau noire et les gens de peau blanche. Hier soir, je suis allée avec mes amis néerlandais et sud-africain dans un pub pour les gens de couleur où nous étions invités et je ne m'étais pas autant amusée depuis longtemps. L'endroit rebondissait de vibrations africaines, de gens qui dansent et qui boivent, ils boivent beaucoup ici juste pour s'amuser (moi-même, j'ai arrêté de boire il y a des années) — les gens jouant au billard ensemble, traînant ensemble et tout le monde était si détendu et libre dans ses expressions — ils ont juste le mouvement dans le sang. Tout le contraire de la culture dans laquelle je suis née. Nous avons été accueillis à bras ouverts par toutes ces personnes de tous âges, belles, chaleureuses, souriantes et très cool. On nous a parlé, on nous a pris dans les bras et on nous a demandé de prendre des selfies et de danser ensemble. Ils ont dit que la couleur n'a pas d'importance, seulement ce qu'il y a dans le cœur. Ce sont les vrais moments que j'aime le plus dans les voyages. Où que tu ailles dans le monde, tu verras que nous sommes tous un. Ce sont les vraies expériences qui ne coûtent rien et que tu ne peux pas vivre lors d'un safari organisé qui coûte une fortune. Il faut juste s'arrêter à un endroit quelconque en campagne et danser avec les gens. Danse comme un Africain.

Creyton, Afrique du Sud, Mars 2022

Voici

L'Océan

Lavant Ton Âme

Wilderness, Afrique du Sud, Avril 2022

II. Fille Européenne

Saut de la Foi 1

Le saut de la foi peut être la chose la plus effrayante, mais ce n'est qu'alors que tu récolteras la grande magie et le plaisir—quand tu dépasseras tes propres limites et apprendras à surfer sur les vagues, et tu t'habitueras à la vie épique en ayant quitté tes zones de confort depuis longtemps.

Chorefto, Grèce, Mai 2021

Nomade

Je suis une nomade
Goûtant à différentes cultures
Aucune culture ne peut m'emprisonner
Quand je me balance de l'une à l'autre
Chaque fois plus riche
Chaque fois plus heureuse
Les vrais amis sont pour toujours

Cape Town, Afrique du Sud, Mars 2022

Donne Naissance au Nouveau Monde

On nous a littéralement b*isés. Ceux qui comprennent ma langue savent que je parle d'énergie et d'histoire et de la façon dont nous avons été gouvernés, violés, supprimés et bousculés par les énergies patriarcales à travers le pouvoir et le contrôle d'en haut sous la forme de la religion et des états et pouvoirs exécutifs pendant des millénaires. Aujourd'hui, cela touche à sa fin, ce qui se traduit par des crises, des guerres et le chaos dans le monde entier, comme s'il s'agissait d'un dernier cri d'impuissance de quelque chose qui s'effondre. Ce qui vient ensuite est une renaissance et la naissance se produit d'elle-même. Il y a beaucoup de force divine dans la Création elle-même et le nouveau est simplement mis à sa place sans avoir à demander la permission ou le bon moment, il arrive naturellement par lui-même sans être forcé, mais avec une puissance sacrée. Tout à coup, il est là et il n'y a pas besoin d'expliquer pourquoi. Tout le monde aime le nouveau-né, mais les douleurs de la naissance sont pénibles. Il est temps de le laisser sortir pleinement maintenant; laissez-le marcher tout seul; laissez-le grandir. Ne le retenez plus. C'est une métaphore et une vision pour les nouvelles énergies qui naissent et les nouveaux modes de vie que nous sommes venus créer ici. Pour vous donner un exemple, pour moi cela signifie précisément d'éviter les environnements, les établissement ou les personnes de basse vibration qui n'ont aucune compréhension de la liberté, des limites et des valeurs, aucun amour. Cela signifie vivre mes talents, ma mission et ma liberté, cocréer avec ma famille d'âme au lieu de travailler pour des personnes dans des entreprises qui ne sont pas alignées avec cette nouvelle ère. Cela s'accompagne de beaucoup de frictions de tout ce qui hérite encore des anciennes énergies patriarcales et basses, des personnes ou des situations. Je viens juste de le remarquer en rencontrant récemment ceux qu'on appelle les machos ici en Espagne qui ne sont pas les seuls à être irrités à la folie par ces nouvelles énergies et croyez-moi — cela affecte tous les domaines de la vie et ne laisse personne indifférent. Cela se passe pour effacer l'ancien et pour atteindre l'équilibre universel qui a fait défaut. Imaginez le Yin et le Yang, le masculin et le féminin s'équilibrant et c'est pour nous libérer de tout ce qui nous a gardé sous contrôle et pouvoir, emprisonnés, gardé petit. Maintenant, laissez le nouveau sortir; laissez-le voler. Volez haut.

Puerto de San Miguel, Ibiza, Mai 2022

Ibiza

La vérité est que je n'aime plus vraiment vivre dans le monde occidental parce'que c'est devenu trop un monde d'argent. Tu ne découvriras pas ces choses en tant que touriste avec des lunettes (de soleil) mais seulement au second regard. Je suis allée à Ibiza parce que je n'y étais jamais allée et à cause des bons souvenirs que j'avais de l'Espagne où j'ai vécu il y a 16 ans. Je vivais à Saint-Sébastien, au Pays basque, et gagner sa vie n'était pas aussi difficile qu'aujourd'hui. Le monde change vite. J'envie pour rien les gens qui vivent maintenant dans leur appartement de luxe toute la journée à la maison devant leur ordinateur en travaillant pour une société bizarre en ligne pour pouvoir payer leur appartement avec une piscine sur la plage, ce genre d'appartement neuf avec des palmiers et sans âme, mais qui donne à ses habitants l'illusion d'être quelque chose de mieux que ceux qui n'arrivent jamais à quitter leur village de campagne qui se réveille tous les jours à l'heure de l'apéritif où ils se réunissent dans les nombreux bars immortels, chaque jour et chaque année la même chose. À la fin, ceux qui restent sont les désillusionnés qui donnent une mauvaise image au pauvre village. Où vont les autres ? Ces quelques personnes qui veulent s'échapper de ce monde sans sens ? Dans le 'tiers monde' ? Comme j'aimerais y être maintenant. Des pays comme le Nicaragua me viennent à l'esprit ou en tout cas ce sont des endroits où personne ne va (il y en a peu aussi en Europe) parce que dans ce cas l'originalité est garantie, la vie pure qui ne tourne pas autour de l'argent seul, de grandes opportunités pour planter des arbres avec nos mains dans la terre juvénile pour faire pousser notre monde de rêves avec des gens qui ne se préoccupent pas de l'argent en premier lieu, mais d'être humain—la vraie communauté qui a été perdue dans le monde occidental moderne. Je dois arrêter de rêver et revenir au moment présent. L'Espagne est le meilleur endroit pour pratiquer mon espagnol, la première raison pour laquelle je suis venu ici. Le Castillan, l'espagnol clair, n'est parlé qu'ici. Je dois me motiver et aller dans la rue tous les jours à nouveau et découvrir ce que je ne connais pas encore—ce qui est au-delà de mon imagination. Marcher avec ce sentiment de liberté sous le chaud soleil espagnol, les cheveux détachés et la robe flottant au vent entre les orangers et les citronniers, me réjouissant de la mer de fleurs aux mille couleurs qui poussent sur la terre innocente. Cela me donne ce sentiment. Pour moi, l'Ibiza hippie n'existe plus. C'est une nostalgie d'un autre temps que les gens ici essaient encore d'imiter et de vendre dans les divers marchés hippies et les boutiques exclusives. Être un hippie n'est pas un style — c'est un sentiment qui ne peut être ni acheté ni vendu. C'est un sentiment de liberté et d'amour dans le cœur qui ne se conserve pas avec des bijoux ni des vêtements, et qui ne dépend pas du lieu ni du moment. C'est un sentiment qui grandit à l'intérieur et qui est porté par chaque pas dans le monde, chaque jour.

San Miguel, Ibiza, Mai 2022

La Frontière invisible

Tout pourrait changer dans un tout petit instant si je traversais la frontière entre l'Espagne et la France. La langue, la nourriture, le mode de vie, mais pas encore—je ne suis pas encore prête à quitter l'Espagne. La montagne ne se soucie pas de la frontière, le temps est le même d'un côté ou de l'autre. Les animaux ne s'arrêtent pas devant elle et les problèmes du monde n'existent pas ici non plus. Elle, la nature, est beaucoup plus puissante que la frontière, qui est une ligne artificielle qui ne pourra jamais nous séparer.

Candanchú, Pyrénées espagnoles, Juin 2022

Langage du Cœur

Moi, j'aime voir les choses de l'intérieur. Le superficiel m'ennuie. Voir les choses à travers une langue étrangère qui devient une langue familière au fait de la parler tous les jours est une sensation spéciale. Un monde inconnu s'ouvre à toi parce que tu t'ouvres à le connaître. Parler la langue du pays est le moyen le plus intensif de connaître 'l'autre monde', ses coutumes, ses curiosités, ses habitants, sa culture, sa mentalité. On s'enrichit de 'l'étranger' dans la vie quotidienne. La langue ouvre des portes, ouvre des mondes. Ne m'appellez pas l'étranger, ne m'appellez pas l'Allemande. Je vis, je travaille, je parle, juste comme vous. Même si je suis différente, cela n'importe pas. Peu importe mon accent, peu importe mon physique. Le monde est si beau parce que nous sommes identiques, mais uniques, parce que nous sommes faits de mille couleurs et formes différentes. Les différentes couleurs et formes nous donnent des aspects différents; le cœur nous donne un monde commun. Son langage n'a pas besoin de traduction.

Jaca, Espagne, Juin 2022

Construis un Meilleur Avenir

J'ai fait de l'auto-stop à Torla-Ordesa aujourd'hui. C'est l'un de ces villages cachés au fin fond des Pyrénées espagnoles que les gens quittent pour la vie en ville et le reste traîne dans le pub local ou gère l'un des rares hôtels ou boutiques touristiques. Si les gens avaient plus d'imagination et s'unissaient en tant que communauté, ils pourraient transformer ces joyaux cachés en petits paradis prospères, mais beaucoup de gens cherchent le bonheur ailleurs. Les communautés existent ici, certaines personnes peuplent et reconstruisent quelques uns des nombreux villages abandonnés. Si tu veux une maison gratuite, tu la trouveras peut-être ici. Moi, je me suis traitée avec l'un des meilleurs miels de forêt noirs locaux que j'ai jamais eu, sur du pain pour le déjeuner, à l'ombre des chalets en pierre, en absorbant l'air frais de la montagne, sous le regard confus d'un touriste courant en vêtements de sport—haha—et avec un café fort dans le bar local avant de me plonger dans la rivière sauvage en bas de la vallée. La belle vie est si facile. C'était une magnifique journée d'exploration et je me demande : Pourquoi ne construisons-nous pas nous-mêmes un meilleur avenir au lieu de le chercher ailleurs?

Torla-Ordesa, Pyrénées espagnoles, Juin 2022

Rue de Liberté

Je dois dire que la vie est plutôt agréable en Espagne, agréable et bon marché—au moins, bon marché par rapport au Royaume-Uni. J'avais oublié comment on se sent en Espagne. Il y a 16 ans, je vivais ici et je vous le dis, c'était la fête tous les jours, du lundi au dimanche, sans pause, cela aussi, c'est typique de l'Espagne. Les Espagnols aiment faire la fête et maintenant que je suis de retour en Espagne—même si ce n'est pas pour longtemps—j'observe comment les gens sortent tous les jours pour se promener ou s'asseoir sur les places, surtout après le déjeuner et le soir jusqu'à tard dans la nuit et le week-end et les bars se remplissent déjà le matin. Cela ne se fait pas en Allemagne, où je suis née. Là-bas, les villages semblent vides, les gens restent beaucoup à la maison et ne sortent pas pour se rencontrer sur les places ou dans les bars comme en Espagne. Les Espagnols paraissent beaucoup plus sociaux et ouverts et ils pensent des Allemands qu'ils sont froids et réservés. Après tout, il y a des gens intelligents et moins intelligents, sympathiques et antipathiques dans le monde entier. Il n'y a pas de pays où les gens sont les plus éclairés, je ne le pense pas, au moins pas en Europe, bien que je doive dire que j'ai remarqué que les gens en général qui vivent au milieu de la nature et avec moins d'effet d'un système gouvernemental très présent dans leur vie, semblent souvent plus conscients, plus éveillés, plus créatifs, plus réfléchis.

Jaca, Espagne, Juin 2022

Où sont mes Gens cool?

P*tain ! Je ne me promène toujours pas en Land Rover avec mon homme cool, sexy, souriant, grand, fort et beau, et c'est très bien comme ça! Je suis sacrément fière de moi d'être allée aussi loin, seule, célibataire depuis 6 ans, non merci beaucoup, je ne fais pas de chats en ligne, garde ça pour toi. Mais ce n'est pas ce que je veux dire. Je veux m'entourer de gens cool, mais plus on vieillit, plus ils semblent se faire rares. Je me souviens exactement comment je voyais les adultes du point de vue d'un enfant quand j'étais petite. Je les trouvais misérables et ne comprenais pas pourquoi ils se compliquaient autant la vie. Vous vous rappelez les avoir vus de cette façon ? C'est quoi leur p*tain de problème, je me suis demandée ? Puis, des jours timides de l'enfance, je suis passée assez brusquement à la vingtaine rebelle et sauvage, puis à la trentaine solitaire. Non pas que je me sois sentie très seule, mais j'en ai eu assez de la société et je me suis sentie différente, incomprise, comme une étrangère. Voici le point crucial et j'affirme que chaque être humain éprouve de tels sentiments au moins une fois dans sa vie et ce qui se passe ensuite, c'est la conformité, l'adaptation, le fait de faire plaisir aux gens et de suivre les règles de la société. Pour quoi faire ? Pour ne pas être différent ? Quel est le problème d'être différent ? Je répondrai à cela plus tard. Voici la différence entre moi et beaucoup de gens—je n'ai pas été capable de m'adapter ou de me taire, j'ai pris de la distance pour avoir une image très claire de moi-même et pour me guérir des blessures et des punitions pour être différente de ce qui me faisaient me sentir petite. Et c'est ainsi que je me suis retrouvée. Cela m'a pris des années et si tu rates cela, si tu rates d'être toi-même, tu deviens étrange ! Un adulte étrange, heureux à l'extérieur, malheureux à l'intérieur. Maintenant, mes jours étranges sont terminés et je ne me sens plus différente. Je me sens juste moi-même. Tout le monde doit être lui-même. Mais où sont les gens cool ? Malheureusement, beaucoup de gens semblent devenir ennuyeux avec l'âge et ils mettent en cause leurs enfants ou le besoin de conformité de la société, mais ce n'est bien sûr qu'une excuse. Beaucoup d'autres sont absorbés par leur lutte quotidienne pour ne pas être eux-mêmes, pour ne pas vivre la vie dont ils rêvaient quand ils étaient enfants. Je sais qu'il existe de nombreuses personnes cool, mais si tu affirmes maintenant que tu es l'une d'entre elles, mais qu'il est rare de te trouver parce que tu n'aimes pas les gens, tu n'es pas cool parce que tu penses être différent, supérieur. Tu ne l'es pas, et moi non plus. Quoi qu'il en soit, je ne cherche pas de personnes cool dans des *lieux cool*, dans des groupes de *personnes cool* ou derrière des *étiquettes cool* parce que ce n'est pas cool de se limiter ainsi. Attends-toi à l'inattendu quand tu es assez cool pour être toi-même. À tout moment. N'importe où. Pas besoin d'étiquettes.

Jaca, Espagne, Juin 2022

Hier ne compte pas

Retourner dans un endroit où l'on a vécu dans le passé est une sensation étrange—normalement, je ne le fais pas parce que tu seras déçu de voir que l'endroit n'est plus le même qu'avant. Je préfère garder les bons souvenirs tels qu'ils sont et continuer à découvrir des endroits que je ne connais pas encore, mais comme j'étais à côté, je suis venue pour une journée. Bien sûr, tout a beaucoup changé, comme moi-même et comme tout change. J'ai adoré ma vie ici, là où j'ai vécu il y a 16 ans—à l'époque quand je suis arrivée, j'ai été étonnée de voir comment les gens fumaient des joints sur les terrasses des bars et des cafés, comme ça, pendant la journée. Il y avait une atmosphère très libre et très détendue que l'on peut encore remarquer dans certains quartiers de la ville et il y avait très peu d'étrangers. Mon appartement à côté de la plage coûtait pour un mois autant que ce qu'ils demandent maintenant pour une nuit dans le même quartier ! Les endroits ne sont spéciaux que jusqu'à ce que le grand public les découvre. Donostia (Saint-Sébastien en basque) est un autre endroit qui est devenu trop à la mode et où tout le monde veut aller, donc maintenant ce n'est plus pour moi, et je n'aime plus vivre dans les grandes villes de toute façon. Ma discothèque *Zurriola* sur la plage où j'avais l'habitude de danser jusqu'au matin a aussi fermé, mais le bar où je travaillais existe toujours et j'ai fait une belle surprise au propriétaire qui est resté le même. J'ai ressenti de belles et fortes émotions en revoyant les collines vertes du Pays basque dans le brouillard mystique qui n'a rien à voir avec l'Espagne — il a sa propre culture, sa propre langue, sa propre identité, des gens qui ont beaucoup de cœur et leur lutte passionnée pour l'indépendance qui m'a toujours fascinée. Ce qu'elle a en commun avec l'Espagne, c'est que la vie se passe dehors, dans la rue. Les gens sortent beaucoup et il est très facile de rencontrer des gens. Quand le soleil se couche lentement sur les plages transformant les belles façades de Donostia en une lueur dorée, je reviens à l'instant éternel et je suis heureuse ensemble avec tous les gens qui se promènent joyeusement dans la belle ville.

San Sebastián, Espagne, Juin 2022

Saut de la Foi 2

Je pensais être déjà une voyageuse expérimentée, mais j'étais loin de m'en douter. L'aventure s'améliore à chaque fois, tout comme l'expérience et l'apprentissage ne s'arrête jamais. Aujourd'hui, je regarde avec amusement les souvenirs des récents moments difficiles qui font partie de toute aventure. L'incertitude de l'endroit où l'on va dormir la nuit, l'épuisement de porter peu de choses, mais tout ce dont on a vraiment besoin dans sa vie sur le dos, sous la chaleur espagnole, avec la destination inconnue. Je regarde en arrière avec amusement les moments que tu as détestés—manger des haricots à la sauce tomate trois jours de suite parce que tu es loin de tout, puis manger tes Calamars préféré trois jours de suite au bar local quand tu es finalement revenue à la civilisation, ce qui compense tout, ainsi que les quelques rencontres spéciales le long de ton chemin que tu n'oublieras jamais, alors que tu cherchais un endroit où t'installer un peu plus longtemps pour parler couramment l'espagnol à nouveau—une mission que tu avais presque abandonnée en traversant des montagnes, des rivières et des mers et tu comprends que chaque étape de ton voyage était et est toujours parfaite, que tu es toujours au bon endroit—ce que tu ne vois souvent que bien plus tard. Et puis soudain, tu te retrouves à travailler ensemble avec ces gens adorables d'Espagne, de Colombie, du Honduras, de Roumanie et d'Afrique qui t'ouvrent tous l'esprit et le cœur dans ce joyau caché qu'est un hôtel ancien de 200 ans dans cette ville médiévale au pied des Pyrénées où tu es tombée par hasard dans un dernier essai alors que tu voulais t'éloigner le plus possible du tourisme commercial de masse et où tu as soudain l'occasion de parler les quatres langues que tu maîtrises avec les clients et d'apprendre et d'appliquer de nouvelles et anciennes compétences et que tu te sens ravie de ta propre aventure et de ta persévérance et de ta foi avec les lourdes cloches d'église espagnoles qui sonnent en arrière-plan tandis que tu es allongée à l'ombre de la citadelle au son des grillons, et que tu sais maintenant que tu peux faire cela dans n'importe quelle partie du monde et que tu l'as déjà fait dans quelques pays — le saut de la foi. Tu peux simplement aller n'importe où et n'importe quand, quand tu souhaites partir de chez toi parce que tu aimes la découverte de l'inconnu qui est toute une partie de toi-même et tu aimes ta vie et tu t'enrichis à l'intérieur.

Jaca, Espagne, Juin 2022

Dehors dans le Monde

Si je passe trop de temps dans les normes et les programmes de la société, trop de temps dans les villes, je me sens rapidement coincée. La routine m'ennuie. Quand je me promène dans le monde, je suis pleine d'imagination et de créativité qui ne peuvent pas s'épanouir dans un monde de limites, dans des zones de confort, dans un quotidien où l'on fait toujours la même chose, où l'on tourne en rond. Dehors, je deviens forte et je me sens libre.

Riglos, Espagne, Juin 2022

Déposez vos Armes

Défendre son pays pour quoi faire ? D'où vient cette pensée, la mienne, la tienne ? Pourquoi les soldats qui s'arment maintenant dans le monde entier, ici, dans les Pyrénées espagnoles, ils sont des milliers à se préparer, comme on me l'a dit, et je les ai vus dans les montagnes faire des exercices de tir—pourquoi exécutent-ils les ordres de ceux qui dirigent le pays d'en haut en premier lieu ? Défendre leur terre est un mensonge. C'est un jeu entre fous. L'être humain n'est pas mauvais, mais bon au fond et il est fait pour la communauté qui est basée sur les valeurs, la morale et le respect et si on te dit le contraire, n'écoute pas les fous. Celui qui vole la terre du peuple ne sera jamais heureux avec la terre volée. Tu ne peux jamais perdre ta terre. Laissez le fou devenir malheureux avec la terre volée au lieu de le tuer et continuez à arroser notre terre parce que dans les mains du voleur, elle se desséchera.

Jaca, Espagne, Juin 2022

La **Liberté** ne peut pas être obtenue par le sang versé, mais dans les profondeurs du coeur

Pays Basque, Espagne, Juin 2022

Voyage Voyage

Ce n'est pas à Paris ou à Bordeaux (je connaissais déjà) où je suis venue pour célébrer ces derniers jours là de mon trip épique, mon voyage exceptionnel. C'est bien dans la jolie non prétentieuse ville de Bayonne dans le pays basque français que je veux célébrer ce moment, la vie, moi, toi et tout le monde. C'était un voyage bien complexe, avec plein de petites joies, de surprises, leçons de la vie, de réalisations extraordinaires, et beaucoup de défis où j'ai pu me prouver à chaque fois comment ne jamais abandonner mes principes et mon indépendance même dans des situations difficiles et comment toujours me fier à ma voix intérieure, mon intuition à chaque pas. C'était un voyage tout compris, avec les hauts et les bas, comme la vie elle-même, et à la fin, il ne reste que des sourires, de bons souvenirs et un grand bonheur au fond du coeur. Les stations de mon voyage se sont manifestées en surfant sur les vagues de chaque jour, rien n'était prévu. C'est ce qui me fascine: l'inconnu. Les plans et les vacances ne sont pas pour moi. L'illusion que tout est parfait d'un moment à l'autre pendant deux semaines dans un village de vacances qui coûte cher me déprimerait. Je crée ma vie et mes vacances par moi-même en toute liberté. Pour moi, le vrai voyage est l'un des sentiments les plus excitants.

Faire partie de la vie quotidienne à l'étranger, le moment où l'on t'invite à jouer aux boules sur la place centrale d'un petit village de campagne, le moment où on t'invite à manger en famille, la grande paella est pour tout le monde. La partie la plus spéciale d'un voyage ce sont en effet les sourires et les rencontres, ils sont rares, mais ils sont très spéciaux et tu ne les oublieras jamais. Ils te touchent au coeur et font des voyages ce qu'ils sont. Après tout, on s'habitue aux petites différences de nourriture, de climat, de mode de vie et on se rend compte que nous sommes tous les mêmes, que nous formons tous une grande famille. Mais l'enrichissement que t'apporte le voyage — les différents parfums, climats, couleurs, images — ce sont les choses sans lesquelles je ne pourrai jamais vivre, ce sont ces choses qui me donnent de l'inspiration et qui satisfont ma faim de découvrir, sans jamais m'arrêter, apprendre la vie et parler des langues étrangères ne s'arrête jamais et il n'y a pas de meilleure école au monde que le voyage. Vive le voyage, le voyageur et la voyageuse!

Bayonne, France, Juin 2022

Je célèbre ma liberté. Aujourd'hui et tous les jours.

Aquitaine, France, Juin 2022

III. Terre d'Âme

Ton monde est aussi grand que tu le fais toi
Et le mien n'a pas de limites

Hébrides extérieures, Écosse, Août 2020

Écosse

Terre magique des fées, des éléments, de la liberté et de
l'amour éternel
Cachant ta beauté sauvage sous une pluie brumeuse
Pour ceux qui te comprennent, tu soulèveras les nuages et
Révèleras ton âme dans toute sa gloire
Tu m'as fait me retrouver au milieu de nulle part
Et tu m'as fait comprendre que nulle part est partout
Que nous sommes un,
Reliés par chaque pierre, feuille et murmure du vent
Et avec chaque passager que nous rencontrons sur ce
magnifique chemin

Highlands, Écosse, Octobre 2018

L'Esprit de Liberté

Contemplant le chatoiement de la mer argentée
Qui roule de douces vagues vers moi
Dans ma baie de sable blanc
Sur une île lointaine
De la charge du monde et des préoccupations des gens
Où les mouettes, les phoques et les dauphins sont ma seule compagnie
Je me trouve dans cet endroit et ce moment parfaits
qui remplit mon cœur de grand bonheur,
Et tout prend sens comme ça.

Hébrides extérieures, Écosse, Août 2020

L'Étranger dans la Rue

Bonjour étranger dans la rue,
Viens par ici; rencontrons-nous.
Raconte-moi ton histoire, je te raconterai la mienne
Tu me fais sourire comment tu bois ton verre de vin
Nous partageons ce moment et puis nous nous séparons,
Des rencontres étranges dans un endroit étrange
Dans ce jeu au nom étrange
La vie ne sera jamais la même.

Cork, Irlande, Juin 2019

Ce que tu aimes

Tu le laisses libre

C'est le plus grand amour

Isle of Skye, Écosse, Juin 2021

Skye

Skye
Jeu cosmique
De noir et de blanc
Jour et nuit
L'obscurité et la lumière
Danse universelle éternelle
Des polarités
Chaque jour témoigné dans le
Ciel e

Isle of Skye, Écosse, Septembre 2022

Rois et Reines des Cœurs

Les vrais rois et reines ne portent pas de couronne d'or et de diamants et ne s'assoient pas sur un trône—merci pour le spectacle final. Ils marchent à la même hauteur que tout le monde et leur couronne n'est visible que pour ceux qui la portent aussi. Elle consiste en la réalisation profonde que tout le monde est vraiment égal, souverain, indépendant et libre, quels que soient son origine, sa couleur, sa profession, son statut et ses croyances. Elle est portée par un corps de lumière manifesté par une conscience d'amour et d'unité qui réside dans le cœur de chacun pour s'éveiller et s'élever. C'est un nouvel âge, c'est une nouvelle aube, rois et reines des cœurs.

Isle of Skye, Écosse, Septembre 2022

L'Âme Soeur

Où-es tu ?
Miroir de moi
Nos coeurs vont s'unir
Dans la mer grise des gens,
Tu es la bougie la plus brillante

Isle of Skye, Écosse, Octobre 2022

IV. Terre Natale

Fraises en Mai

Pourquoi la nuit suit-elle le jour ?
Pourquoi avons-nous des saisons ?
Les marées basses et les marées hautes ?
Les fraises en mai, les framboises en juin, les cerises en juillet ?
Le rythme de la vie me détache

Saxe, Allemagne, 2021

Début du Printemps

Début du printemps
Sors
Assieds-toi au bord du ruisseau, prends le soleil,
écoute le chant de l'oiseau
Mange les premières feuilles
Et laisse la brise fraîche
réveiller tes esprits

Monts Métallifères, Allemagne, Mars 2022

Gens de la Ville

Gens de la ville
Tournant en rond
Capturés dans votre prison de béton
Toujours en fuite
À la recherche du prochain spectacle
Ou vous cachant dans vos placards
Vous ne connaissez pas les secrets du monde
sauvage et libre
Qui vous fait peur
Parce que vous ne vous souvenez pas de vous

Saxe, Allemagne, Août 2021

Terre Natale

Et quand les mille anémones qui bordent mon chemin
Et le chant des oiseaux dans le bruissement des sapins
et la chaleur du printemps qui s'élève du sol laissent déjà
présager un été pas trop lointain,
où je m'allongerai dans la mousse gorgée de soleil dans
ma petite forêt
qui sent les baies, les champignons et la maison
et entre-temps, je me réjouis de la belle vie colorée
dans le grand vaste monde,
Alors, je suis heureuse.

Monts Métallifères, Allemagne, Mars 2022

Qui veut gérer le Monde ?

Ceux qui gèrent le monde construisent notre monde sur la loi et l'ordre, mais qui est celui qui ressent le besoin de dire aux autres ce qui est bien ou mal et ce qu'ils doivent faire ? Cela ne peut résulter que d'un sentiment de supériorité, ce qui est une façon très dangereuse de penser, car tout le monde est vraiment égal, et je méprise toute idée de leadership ou de hiérarchie, comme elle met toujours en œuvre une inégalité, un déséquilibre, une injustice. Si les gens ne se concentraient pas sur un leader, ils commenceraient à se prendre en charge en apprenant à prendre des décisions saines pour eux-mêmes et pour les autres. L'ego se réduirait par la découverte de leur propre cœur qui construit naturellement des valeurs comme l'empathie, le respect, l'amour, la tolérance et les limites de l'intérieur et il ne serait pas nécessaire de contrôler la société d'en haut par le biais du pouvoir et du contrôle. Mais ils commencent leur programmation et leur conditionnement dès le plus jeune âge, quand les enfants sont intimidés et doivent obéir—à leurs parents, à l'école, faire ceci, faire cela et cela continue dans la vie adulte, quand de nombreuses personnes ont complètement perdu le courage de défendre leurs propres intérêts, de prendre des décisions saines pour elles-mêmes, pour les autres et dans leur vie, et tout cela est dû à un manque d'amour. Ils ont perdu la capacité de penser librement, d'être libres. D'être heureux. Alors qui sont ceux qui aiment faire des lois et des ordres pour les autres ? Ceux qui ne croient pas que leurs compagnons humains ont la compétence de prendre des décisions saines pour eux-mêmes ? Et pourquoi n'ont-ils pas confiance ? Parce qu'ils n'ont pas confiance en eux-mêmes. Ils n'ont pas d'amour et nous ne voulons plus que le monde soit dirigé par des personnes sans cœur, par des narcissiques qui ne sont pas capables de prendre des mesures sages en vue d'une société saine et heureuse basée sur l'égalité et la communauté plutôt que sur la concurrence et la pression de la performance. Tout le monde est bon dans quelque chose et il n'y aurait pas besoin de psychopathes à la tête d'entreprises dont le monde n'a pas besoin, ni de personnes à la rue abandonnées par la société parce qu'elles n'ont pas suivi la course. Tout le monde pourrait remplir son propre rôle dans la société si on ne nous disait pas dès le plus jeune âge que nous devons nous adapter, mais si on nous encourageait à nous épanouir librement au lieu d'être en compétition les uns avec les autres. Il y aurait moins d'envie, de haine et d'égoïsme et nous aurions envie de coopérer et d'apprendre les uns des autres. Vous avez peut-être entendu parler de certaines tribus indigènes qui n'ont pas de chef ni de hiérarchie, mais qui vivent en véritable communauté, où chacun remplit son rôle particulier et où les sages anciens sont respectés. Et comment la société occidentale traite-t-elle les anciens ? Déportation dans une maison de retraite, toxicomanes aux comprimés—quelque chose a dû mal tourner pour que vous finissiez de cette façon et comment les puissances coloniales ont-elles traité les tribus indigènes ? Elles les ont exterminées et exploitées á cause d'une attitude narcissique de supériorité. Dire aux gens ce qui est bien ou mal est vraiment la dernière chose que nous devons faire. Tout le monde doit commencer à penser par lui-même et il y a beaucoup à repenser. Repenser et reconstruire. À partir d'un lieu d'amour. Parce qu'il n'y a pas de plus grand pouvoir que l'amour.

Saxe, Allemagne, Mai 2022

L'Amour cosmique

Des gens souriants
La nature en plein essor
Des systèmes craquants
De nouvelles voies apparaissant
L'amour cosmique

Saxe, Allemagne, Juillet 2022

Né pour être libre

Nous ne sommes pas nés pour être conditionnés et passer la moitié de notre enfance coincés dans un bâtiment à exécuter les ordres d'adultes qui prétendent savoir. Pas né pour être programmé. Pas né pour s'adapter. Pas né pour avoir peur. Né pour découvrir. Né pour créer. En harmonie avec la nature et tous les êtres vivants. Né pour être libre.

Saxe, Allemagne, Juillet, 2022

Juillet

Douce et chaude brise d'été
Caressant gentiment mes joues
Concert de feuilles dansantes
Par de vastes champs d'été dorés
Où les premiers glands tombent
Et les baies des oiseaux mûrissent
Les cœurs s'élargissent
Par la gloire de la Création

Monts Métallifères, Allemagne, Juilletj 2022

Éternité

Quand je me promène dans les champs
En contemplant les maisons au loin au pied des collines
vertes à l'ombre de la grande forêt
Je me sens comme un enfant
Le temps s'arrête
Devant mes yeux, une peinture
Capturant un moment parfait d'éternité

Monts Métallifères, Allemagne, Août 2022

Gouttes d'Or

Quelques gouttes d'or
Pluie d'or
Sont tombées à la hauteur du soleil du soir d'été
Elles amusaient les canards
Couac couac fort
Quand tous les gens sont partis
La magie viendra
Le vent chante une chanson
La chouette fait son bruit
Dans mon endroit préféré
Mon magnifique petit espace secret

Monts Métallifères, Allemagne, Août 2022

L'Été

L'été, mon vrai amour
Tu nous as rempli de ta surabondance
Imprégné de la vie
Des jours glorieux sans fin
S'éteindront bientôt
Jusqu'à la prochaine fois
Quand nous tomberons amoureux à nouveaux

Monts Métallifères, Allemagne, Août 2022

Gratitude

Je suis reconnaissante pour mon lieu de naissance, mon lieu d'origine, mes liens avec ma famille et d'autres personnes spéciales. Pour mon refuge dans la nature. Je suis reconnaissante pour le pays et le système qui m'ont appris des qualités comme la discipline, la persévérance, la sincérité. Pour être une pionnière courageuse. L'endroit qui m'a donné la chance de me rebeller, de me réveiller, de me libérer, d'aimer. Chaque fois plus.

Monts Métallifères, Allemagne, Septembre 2022

Sur l'Auteur

Janet Kaufmann est née dans l'ancienne RDA, en Allemagne de l'Est, où elle a été témoin de la chute du mur de Berlin alors qu'elle était enfant. Elle a obtenu un diplôme en éducation, psychologie et langues étrangères à l'Université de Leipzig en Allemagne. Outre l'allemand, elle parle couramment l'anglais, le français, l'espagnol et l'italien. Elle a travaillé en tant que professeur d'école et professeur privé en Allemagne, en Russie, en Italie et en Hongrie, ainsi qu'en tant que journaliste pour le département international de la télévision allemande MDR et de la télévision française ARTE. Elle a également occupé de nombreux autres emplois en Allemagne, en France, en Espagne, à Monaco, en Angleterre, en Écosse et ailleurs, afin d'acquérir de l'expérience de vie et de financer ses voyages.

Elle a écrit son premier livre *Age of Liberation* en 2021 après s'être immergée dans son propre chemin de libération, d'exploration et d'expansion. Ce livre nous montre comment nous pouvons atteindre la liberté intérieure, l'indépendance, la conscience d'unité, le pouvoir et la libération du conditionnement et de la programmation par la société et par la culture en suivant le chemin de l'âme et comment surmonter des systèmes de croyances limitateurs.

L'auteur vit entre l'Allemagne et d'autres parties du monde qu'elle parcourt fréquemment pour explorer, échanger, interagir, grandir, s'amuser et s'inspirer et pour retrouver ses amis et sa famille. Elle est une ambassadrice de la liberté, de l'égalité des droits et de la justice afin de se prendre en main, de se réaliser et de s'orienter par le cœur, la nature, la créativité et la communauté. Elle défend les nouvelles croyances libérées, les modes de vie et d'éducation, ainsi que la diversité et le multilinguisme. L'écriture est devenue une partie importante de l'expression de sa vie avec le désir de son cœur de partager des messages de liberté, d'amour et d'unité avec le monde. Elle joue du piano et chante. Elle aime la danse, la randonnée, le ski, l'équitation, la photographie, les arts et la musique. Elle aime passer du temps dans la nature et avec sa famille et ses amis. Elle aime la vie.

Mon esprit est aussi clair que l'air du désert
Ma conscience est le cosmos
Mon cœur est le monde
Mes pieds sont la terre
Je suis l'océan, le vent et les étoiles
Tu es le soleil, je suis la lune
Je suis toi et tu es moi
Nous sommes Un
Nous sommes l'Amour

Sabor a Libertad

Poemas y Ensayos para los Amantes y Buscadores de Libertad

Janet Kaufmann

Nunca pensé que me haría escritora
Primero no podía hablar
Me habían silenciado
Pero mis palabras se hicieron fuertes por dentro
Hasta el día en que estallaron
Y dieron nombre a la verdad
La verdad no puede ser escondida
La verdad debe ser dicha
A veces, mis palabras vienen en arroyos
Como un río que fluye conscientemente
La corriente no puede ser detenida
La corriente encontrará su camino
La corriente te llevará
A veces mis palabras atrapan momentos
La magia de los momentos
A través de los ojos de una poeta
El arte puede ser juzgado
El arte puede ser olvidado
Al arte no le importa
El arte es Libre
Libre es el Amor

Índice

I. Madre África **155**
    Egipto 156
    Expandirse de la Nada.................................159
    El Gran Desconocido................................... 160
    Viajar 161
    Modo de Vida 162
    Baila como un Africano 164
    El Océano 165

II. Hija Europea **167**
    Salto de Fe 1 168
    Nómada 169
    ¡Da Luz al Nuevo Mundo!............................170
    Ibiza...172
    La Frontera Invisible.................................... 175
    El Idioma del Corazón 176
    ¡Construye un Mejor Futuro! 177
    Calle Libertad 178
    ¿Dónde está mi Gente Guay?..................... 180
    Ayer no cuenta 182
    Salto de Fe 2..184
    Afuera en el Mundo 186
    ¡Dejen sus Armas!...187
    Libertad 188

Viaje Viaje 189
Celebro 191

III. Tierra de Alma **193**
Tu Mundo es tan grande como tu lo hagas 194
Escocia...195
Sabor a Libertad...196
Extraño en la Calle 197
Lo que amas 198
Skye 199
Reyes y Reinas de los Corazones 200
Alma Gemela 201

IV. Tierra Natal **203**
Fresas en Mayo..204
Primavera Temprana 205
Gente de la Ciudad.. 206
Tierra Natal 207
¿Quién quiere dirigir el Mundo?.....................208
Amor Cósmico... 211
Nacido para ser Libre 212
Julio 213
Eternidad...214
Gotas de Oro... 215
Verano 216
Gratitud 217

Sobre la Autora **218**

I. Madre África

Egipto

Egipto se sintió como volver a casa desde el primer momento. Tierra antigua del sol de oro, los reyes y las reinas. Amistades, recuerdos de otro tiempo. Tierra de poder y sabiduría. Muerte y renacimiento. El desierto y el mar. La alegría más pura de la existencia, la exuberancia, la pasión, el ritmo y el sonido. La aventura. La vida, en toda su complejidad. Un millón de sonrisas y gestos de los corazones. Me dieron la bienvenida como a una amiga. Me han hecho parte de la familia. Los egipcios tienen un sentido increíble de la comunidad y de la hospitalidad. Son pobres pero felices. Las pirámides conectan todos los lugares y todos los tiempos. Subir al interior de las cámaras por los túneles estrechos fue un sueño hecho realidad. Los habitantes locales conocen su secreto. Su poder y su luz. La meditación está prohibida aquí, pero si hablas con los guardianes y les das propina, te enseñarán el lugar y probablemente los verás meditando a ellos mismos en secreto, absorbiendo la energía como si fuera el pan esencial de su vida. Están programados en la religión musulmana y la practican más bien por obediencia, costumbre o por olvido. Pero ella te recordará, la Gran Esfinge de Giza, antigua raza leonina egipcia, sentada allí desde hace miles de años en su majestuosidad, poder y perfección. Después de Giza y Cairo, me fui al Mar Rojo, donde viví en una casa de playa con gente muy amable en un pequeño pueblo de pescadores muy tranquilo. Desde allí, crucé el desierto para ir al Monte Sinaí, el Monte Moisés. Los medios de comunicación y los gobiernos advierten que no se debe viajar a la península del Sinaí. Dicen que es una tierra peligrosa de terroristas y que los turistas son secuestrados. Los habitantes de la zona dicen que no es verdad y mi experiencia fue diferente. Cuando atravesé el desierto y vi un pueblo beduino (tribu autóctona local) formado por unas pocas cabañas, cabras y camellos, pedí a mi conductor que parara. Las mujeres me hacían señas hacía ellas cuando me vieron acercarme lenta y cuidadosamente a través de la arena del desierto. Me invitaron a tomar el té. Nos sentamos alrededor del fuego, compartiendo silencio, sonrisas, risas y unión. Había una conexión. Por supuesto, no estaba planeado. Me muevo por la intuición y la guía interior y voy donde me llaman, en quién siento que debo confiar, de quién recibir la invitación. Así es como estoy segura en el lugar perfecto y en el tiempo perfecto. Soy parte de todo, tengo mi propia brújula interior y prefiero escuchar a la gente del lugar en vez de las guías turísticas. No soy una turista. Para mí, se trata de conectar con el alma de la tierra y la gente a través de un corazón y una mente abiertos, en lugar de ver todas las atracciones turísticas cuando viajo. Se trata de ver, compartir, conectar, intercambiar y aprender. Crecer y expandirse. Todos somos uno, todos somos iguales sólo que con diferentes trajes y colores. Después de tomar el té con los beduinos, un hombre joven de la tribu me llevó en un coche muy antiguo a su lugar favorito en el desierto. Este lugar, tan cristalino, prístino y puro. El lugar más mágico. El silencio total, el aire más fresco, los colores y la poderosa energía sagrada. La arena más blanca y suave del desierto, enmarcada por rocas rojas afiladas por la arena y el viento. Antes de irme me dio dos cristales del lugar que está lleno de cristales. Es en el desierto donde se aprende todo, no en el oasis. Es uno de los lugares más espirituales y maravillosos. Donde los secretos te serán revelados. Donde te recordarás a ti mismo.

Dahab, Egipto, Marzo de 2021

Expandirse de la Nada

Cuando no queda nada en el exterior con lo que vestirnos o adornarnos, nada con lo que cegarnos, cuando no hay más falsas creencias que recoger del afuera sino solo las que provienen de nuestra propia mente creativa divina después de haber liberado las que provienen del ego—las ilusiones—es en la gran nada después de haber enfrentado las sombras más oscuras y superado los mayores miedos, el miedo a la nada, donde encontramos nuestra propia luz blanca interior brillando a través—la esencia pura de nuestro ser, de donde el amor viene y se multiplica. Donde somos libres. En el punto cero. El origen. Donde todos los tiempos y creencias limitantes se derrumban. Donde reside nuestro mayor poder. Uno con la Creación. Donde somos la Creación. Donde la nada se convierte en el todo.

Dahab, Egipto, Marzo de 2021

El Gran Desconocido

Mantener la perfección y la eternidad del momento en cada momento, en tus recuerdos y en tu corazón, para siempre. Nunca volver atrás ni poseerlo—no importa cuánto ames el lugar o a esta persona—pero confía en que nunca podrás perder lo que más amas aunque no puedas tenerlo en tus manos—el amor va más allá. Nunca volver atrás es una cosa que he aprendido porque se llevaría este momento, este recuerdo, esta vida perfecta que es este momento perfecto. No hay pasado, no hay futuro, solo este momento—esto es todo lo que tenemos. Solo volver a lo que quieres llamar casa, si no ve más allá y sigue explorando. Me está llamando de nuevo y sé que no debo volver, sino sumergirme más profundamente en el gran desconocido. África.

Gizah, Egipto, Marzo de 2021

Viajar

Todo lo que quiero es volver a viajar
Sin más esperar, solo vivir
De una pequeña mochila en medio del océano de la vida
Absorbida por mil colores, ritmos y sabores diferentes
Cada día una nueva maravilla
Cada día una nueva vida

Cape Town, Sudáfrica, Marzo de 2022

Modo de Vida

Estoy agradecida y contenta de recordar el mensaje que el espíritu me ha enviado en forma de un caracal raro que recuperamos en la calle esta mañana en las afueras de este pequeño pueblo de montaña sudafricano donde me estoy quedando en este momento que es una comunidad feliz de gente africana local y unos pocos blancos donde los caballos salvajes vagan libremente por las calles. Inmediatamente percibí un mensaje espiritual—todo tiene un significado espiritual si puedes y quieres verlo o no—que fue traído a través de este hermoso tipo de lince africano que se sintió como 'Sabiduría' y es, de hecho, el animal espiritual para ver y observar verdaderamente. Es el maestro de percibir las cosas que otros pasan por alto o ignoran. Seguir mi intuición es absolutamente crucial en este viaje en África y, en general, en la vida, mucho más que planificar las cosas como haría la mayoría de la gente. Tengo una ruta aproximada en mente y hay algunas personas a las que quiero ver y cosas que quiero hacer dentro de algunas semanas, tal vez meses—el resto es ir con la corriente, dejar que las cosas se desarrollen, confiar en mi intuición de dónde ir, cuándo y con quién, confiar en mi sentimiento si se siente bien o mal, si seguir adelante o quedarse y vivir en el momento presente sobre todo, disfrutando de esta aventura épica de mi vida. El objetivo de mi viaje es el crecimiento personal, la expansión, la exploración, la inspiración tanto como el intercambio, la comunidad, la creación y la conexión. Con todo. Con la gente del lugar, con los viajeros que encuentro en el camino, con los animales y las plantas, con las rocas, con la tierra. Al alma de la tierra. Al origen. África. Y, por supuesto, el viaje es para divertirse. Para divertirse mucho, mucho, mucho, lo que es fácil. Aquí siempre hay una fiesta a la vuelta de la esquina y es para vivir. Simplemente para vivir la vida, diferente de lo que nos han contado. No estar atado a un trabajo, a una casa, a mis pertenencias—puedo encontrarlas en cualquier lugar en cualquier momento—o a una maleta demasiado grande que podría ser un obstáculo en África—viajo con una diminuta mochila—qué liberador es ver lo que realmente necesitamos y no necesitamos en la vida. No estar atado al lugar y al tiempo. Rodar. Ser libre. Hay millones de posibilidades al no estar limitado en mis creencias. Todo es posible; lo he aprendido hace tiempo. Esto no son las vacaciones; es un modo de vida.

Creyton, Sudáfrica, Marzo de 2022

Baila como un Africano

En Sudáfrica, todavía separan los barrios, los cementerios, las escuelas, los pubs, etc. para la gente de color, la gente negra y la gente blanca. Anoche fui con mis amigos holandés y sudafricano a un pub de la gente de color al que nos invitaron y no me lo había pasado tan bien desde hacía mucho tiempo. Todo el local rebosaba de vibraciones africanas, gente bailando, gente bebiendo. Aquí beben mucho para divertirse (yo mismo dejé de beber hace años) —la gente jugando al billar, pasando el rato juntos y todo el mundo estaba tan relajado y libre en sus expresiones— llevan el movimiento en la sangre. Todo lo contrario a la cultura en la que nací. Nos recibieron con los brazos abiertos todas estas personas guapas, de corazón cálido, sonrientes y muy guay de todas las edades. Nos hablaron, nos abrazaron y nos pidieron selfies y bailar juntos. Decían que el color no importa, solo lo que hay en el corazón. Estos son los momentos reales que más me gustan de los viajes. Vayas donde vayas en el mundo, descubrirás que todos somos uno. Estas son las verdaderas experiencias que no cuestan nada y que no tienes en un viaje de safari organizado que cuesta una fortuna. Solo tienes que parar en un lugar cualquiera en el campo y bailar con la gente. Baila como un africano.

Greyton, Sudáfrica, Marzo de 2022

Esto es

El Océano

Lavando tu Alma

Wilderness, Sudáfrica, Abril de 2022

II. Hija Europea

Salto de Fe 1

El salto de fe puede ser la cosa más aterradora, pero solo entonces cosecharás la gran magia y la diversión—cuando superes tus propios límites y aprendas a cabalgar las olas, y te acostumbrarás a la vida épica habiendo abandonado tus zonas de confort desde hace mucho tiempo.

Chorefto, Grecia, Mayo de 2021

Nómada

Soy una nómada
Probando diferentes culturas
Ninguna cultura puede apresarme
Cuando me balanceo de una a otra
Cada vez más rica
Cada vez más feliz
Los verdaderos amigos son para siempre

Cape Town, Sudáfrica, Marzo de 2021

¡Da Luz al Nuevo Mundo!

Hemos sido literalmente j*didos. Quien entiende mi lenguaje sabe que estoy hablando de energía e historia y de cómo hemos sido gobernados, violados, suprimidos y empujados por energías patriarcales a través del poder y el control desde arriba en forma de religión, estados y poderes ejecutivos durante milenios. Ahora esto está llegando a su fin, lo que resulta en crisis, guerra y caos en todo el mundo, como si fuera un último grito desesperado de algo que se hunde. Lo que viene después es un renacimiento y el nacimiento ocurre por sí mismo. Hay mucha fuerza divina en la propia Creación y lo nuevo simplemente se coloca en su lugar sin tener que pedir permiso o el momento adecuado. Sucede naturalmente por sí mismo sin ser forzado pero con un poder sagrado. De repente está aquí y no necesita explicación del porqué. Todo el mundo quiere al recién nacido, pero los dolores de parto son fuertes. Ya es hora de dejarlo salir por completo. Déjalo caminar por sí mismo; déjalo crecer. No lo retengas más. Esta es una metáfora y una visión de las nuevas energías que están naciendo y de las nuevas formas de vida que hemos venido a crear. Para darte un ejemplo, para mí esto significa precisamente evitar los entornos de baja vibración, los establecimientos o las personas que no tienen comprensión de la libertad, los límites y los valores, sin amor. Significa vivir mis talentos, mi misión y mi libertad, cocrear junto con mi familia del alma en lugar de trabajar para personas en negocios que no se alinean con esta nueva era. Esto va acompañado de mucha fricción de todo lo que todavía hereda las viejas energías patriarcales y bajas, personas o situaciones. Acabo de notarlo al cruzarme recientemente con los llamados machistas aquí en España, que no son los únicos que están irritados como loco por estas nuevas energías y créanme —afecta a todas las áreas de la vida y no deja a nadie sin afectar. Esto sucede para borrar lo viejo y alcanzar el equilibrio universal que ha estado faltando. Imaginen el Yin y el Yang, lo masculino y lo femenino, equilibrándose y es para liberarnos de todo lo que nos ha mantenido bajo control y poder, aprisionados, mantenidos pequeños. Ahora deja salir lo nuevo; déjalo volar. Vuela alto.

Puerto de San Miguel, Ibiza, Mayo de 2022

Ibiza

La verdad es que ya no me gusta mucho vivir en el mundo occidental porque se ha convertido demasiado en un mundo de dinero. Estas cosas no se descubren como turista con gafas (de sol) pero solo a la segunda vista. Yo me fui a Ibiza porque nunca había estado allí y por los buenos recuerdos que tenía de España dónde viví hace 16 años. Vivía en San Sebastián en el País Vasco y ganarse la vida no era tan difícil como hoy en día. El mundo cambia rápidamente. Envidio por nada a la gente que ahora vive en apartamentos medio lujo, pasando todo el día en casa delante de sus ordenadores trabajando para una empresa rara *online* para poder pagar a su apartamento con piscina línea playa, este tipo de apartamento nuevo con palmeras y sin alma pero, a sus habitantes, les da la ilusión de ser algo mejor que los que nunca consiguen salir de su pueblo de campo que se despierta todos los días a la hora del aperitivo cuando se reúnen en los inmortales bares numerosos, todos los días y todos los años lo mismo. Al final, los que se quedan son los desilusionados dando mala pinta al pobre pueblo. ¿A dónde van los demás? ¿Los pocos que quieren escapar de este mundo sin sentido? ¿Al 'tercer mundo'? Cómo me gustaría estar allí ahora. Me vienen a la mente países como Nicaragua o de todas formas deben ser lugares a los que nadie va (hay pocos también en Europa) porque en este caso la originalidad está garantizada, la pura vida que no gira en torno al dinero solamente, las grandes oportunidades de plantar árboles con nuestras manos en la tierra juvenil para hacer crecer nuestro mundo de sueños con gente a la que no le importa el dinero en primer lugar sino el ser humano—la verdadera comunidad que se ha perdido en el mundo occidental moderno. Basta con soñar y hay que volver al momento. España es el mejor lugar para practicar mi español, la primera razón por la que vine aquí. El castellano, el español claro solo se habla aquí. Tengo que motivarme y volver a salir a la calle cada día de nuevo y descubrir lo que aún no conozco—lo que está más allá de mi imaginación. Caminando con este sentimiento de libertad bajo el sol caliente de España con mi pelo suelto y mi vestido flotando al viento entre naranjos y limoneros alegrándome del mar de flores de mil colores creciendo en la tierra inocente. Esto sí, me da esta sensación. Para mí la Ibiza hippie ya no existe; es una nostalgia de otro tiempo que la gente aquí sigue intentando imitar y vender en los mercadillos varios de hippies y en las tiendas exclusivas. El ser hippie no es un estilo—es un sentimiento y no se compre ni se vende. Es un sentimiento de libertad y amor en el corazón que no se conserva con joyas ni con ropa, ni depende del lugar ni del tiempo. Es un sentimiento que se crece por dentro y que se lleva con cada paso por todo el mundo todos los días.

San Miguel, Ibiza, Mayo de 2022

La Frontera Invisible

Todo podría cambiar en un momento muy pequeño si cruzara esta frontera entre España y Francia. La lengua, la comida, el modo de vida, pero todavía no, todavía no estoy lista para irme de España. A la montaña no le importa la frontera, el tiempo es el mismo en un lado o en el otro. Los animales no se paran delante de ella y los problemas del mundo tampoco existen aquí. Ella, la naturaleza es mucho más poderosa que la frontera, que es una linea artificial que no nos puede separar jamás.

Candanchú, Pirineos españoles, Junio de 2022

El Idioma del Corazón

A mí me gusta ver las cosas por dentro. Lo superficial me aburre. Ver las cosas a través de una lengua extranjera que se convierte en un idioma familiar al hablarla cada día es una sensación especial. Un mundo desconocido se abre ante ti porque tú te abres a conocerlo. Hablar el idioma del país es la forma más intensa de conocer al 'otro mundo', sus costumbres, sus curiosidades, su gente, su cultura, su mentalidad. Uno se enriquece con lo 'extraño' en la vida cotidiana. El idioma abre puertas, abre mundos. No me llames extranjera, ni alemana. Soy como tú. Vivo, trabajo, hablo, igual que tú. Aunque sea diferente no importa. No importa mi acento, no importa mi físico. El mundo es tan bonito porque somos iguales pero únicos, porque estamos hechos de mil colores y formas. Las formas diferentes nos dan los aspectos diversos; el corazón nos da el mundo común. Su idioma no necesita traducción.

Jaca, España, Junio de 2022

¡Construye un Mejor Futuro!

Hoy fui en autostop a Torla-Ordesa, uno de los pueblos escondidos en lo profundo de los Pirineos españoles que la gente abandona por la vida en la ciudad y el resto pasa el rato en el bar local o maneja uno de los pocos hoteles o tiendas para turistas. Si la gente tuviera más imaginación y se mantuviera unida como comunidad, podría convertir estas joyas escondidas en pequeños y prósperos paraísos, pero mucha gente busca la felicidad en otra parte. Las comunidades existen aquí, algunas personas están poblando y construyendo algunos de los muchos pueblos abandonados. Si quieres una casa gratis, puede que la encuentres aquí. Yo me di el gusto de almorzar una de las mejores mieles de bosque oscuras de la zona que jamás haya probado en un pan, a la sombra de las cabañas de piedra, absorbiendo el aire fresco de la montaña, mientras un turista que corría en ropa deportiva me brindaba una mirada confusa—jaja —y con un café fuerte en el bar local antes de sumergirme en el río salvaje abajo en el valle. La buena vida es tan fácil. Fue un día bonito de exploración y me pregunto: ¿Por qué no construimos nosotros mismos un futuro mejor en vez de buscarlo en otra parte?

Torla-Ordesa, Pirineos españoles, Junio de 2022

Calle Libertad

Tengo que decir que la vida es bastante buena en España, buena y barata—bueno, barata al menos comparada con el Reino Unido. Había olvidado como uno se siente en España. Hace 16 años cuando vivía aquí y ya te digo, era la fiesta todos los días de lunes hasta los domingos sin parar, esto también es típico de España. A los españoles les gusta mucho la fiesta y ahora a mi vuelta a España—aunque no sea para mucho tiempo—observo como la gente sale todos los días a pasear o a sentarse en las plazas, sobre todo después de comer y por las tardes hasta la noche y más los fines de semana y como se llenan los bares ya por las mañanas. Esto no lo hacen en Alemania dónde nací. Allí los pueblos parecen vacíos, la gente se queda mucho en casa y no sale a reunirse en las plazas o bares como en España. Así es que los españoles parecen mucho más sociales y abiertos. Ellos piensan que los alemanes son fríos y reservados. Al final, hay gente inteligente y menos inteligente, amable y antipática por todo el mundo. No existe el país con la gente más iluminada, no lo creo, al menos no en Europa aunque tengo que decir que he notado que la gente en general que vive en medio de la naturaleza y con menos efecto de un sistema de gobierno muy presente en su vida, suele parecer más consciente, más despierta, más creativa y más pensativa.

Jaca, España, Junio de 2022

¿Dónde está mi Gente Guay?

¡Qué car*jo! Todavía no estoy paseándome en un Land Rover con este hombre guapo, alto, fuerte y sonriente, y esto está bien. Estoy tan orgullosa de mí misma por haber llegado hasta aquí, sola, estando soltera desde hace 6 años, no muchas gracias, no hago chats *online*, guárdatelo para ti. Pero esto no es lo que quiero decir. Quiero rodearme de gente guay, pero cuanto más viejo te haces, más raros parecen ser. Recuerdo exactamente cómo veía a los adultos desde la perspectiva de una niña cuando era pequeña. Me parecían lamentables y no podía entender por qué se complicaban tanto la vida. ¿Recuerdas haberlos visto así? ¿Cuál es su p*to problema? me preguntaba. Luego, de los tímidos días de la infancia, pasé bastante bruscamente a los rebeldes y salvajes veinte años y, después, a los solitarios treinta. No es que me sintiera muy sola, simplemente estaba harta de la sociedad y me sentía diferente, incomprendida, como una extraña. Este es el punto crucial y afirmo que todos los seres humanos se encuentran con estos sentimientos al menos una vez en la vida. Lo que sucede después es la conformidad, el encajar, el complacer a la gente, seguir las normas y reglamentos de la sociedad. ¿Para qué? ¿Para no ser diferente? ¿Cuál es el problema de ser diferente? Responderé a esto más adelante. Esto es lo que mucha gente nunca hace—yo no fui capaz de adaptarme ni de callarme. Me distancié para tener una imagen muy clara de mí misma, para curarme de las heridas y castigos por ser diferente que me hacían sentir pequeña. Y así, me encontré a mí misma. Esto me llevó años y si te pierdes esto, si te pierdes ser tú mismo, te vuelves extraño. Un adulto extraño, feliz por fuera, miserable por dentro. Ahora mis días extraños han terminado y ya no me siento diferente. Simplemente me siento como yo mismo. Todo el mundo debe ser él mismo. Pero, ¿dónde está la gente guay? Por desgracia, muchas personas parecen volverse aburridas con la edad y a menudo culpan a sus hijos o a la necesidad de la sociedad de conformarse, pero esto, por supuesto es solo una excusa. Muchos otros están absorbidos en sus luchas cotidianas por no ser ellos mismos, por no vivir la vida que soñaban cuando eran niños. Sé que existe mucha gente guay por ahí, pero si ahora argumentas que eres uno de ellos, pero raro de encontrar porque no te gusta la gente, no eres guay porque te crees diferente, superior. No lo eres, y yo tampoco. Sea como sea, no busco gente guay en *lugares guays*, en grupos de *gente guay* o detrás de *etiquetas guays* porque no es guay limitarse así. Espera lo inesperado cuando seas lo suficientemente guay como para ser tú mismo. En cualquier momento. En cualquier lugar. Sin necesidad de etiquetas.

Jaca, España, Junio de 2022

Ayer no cuenta

Volver a un sitio donde viviste en el pasado es una de las sensaciones más raras—normalmente no lo hago porque vas a sentirte decepcionada porque nunca encontraras el lugar como era antes. Prefiero quedarme con los buenos recuerdos tal como están y seguir descubriendo lugares que todavía no conozco pero que, como estaba al lado, he venido para un día. Por supuesto todo ha cambiado un montón como yo mismo y como todo cambia. Me encantaba mi vida aquí donde vivía hace 16 años—cuando llegué me flipaba ver como la gente se fumaba porros en las terazzas de los bares y cafeterías sin más durante el día. Había un ambiente muy libre y relajado que todavía se nota en algunas partes de la ciudad y había muy pocos extranjeros. ¡Mi piso junto a la playa costaba al mes lo que ahora cobran en la misma zona por una noche! Los lugares sólo son especiales antes de que la corriente principal los descubra. Donostia (San Sebastián en vasco) es otro lugar que se ha puesto demasiado de moda y al que todo el mundo quiere ir, así ya no es para mi, y además ya no me gusta vivir en las grandes ciudades. Mi discoteca *Zurriola* en la playa donde solía bailar hasta las mañanas también cerro, pero el bar dondé trabajaba todavía existe y le di una linda sorpresa al mismo dueño. Me surgieron emociones muy bonitas y fuertes cuando volví a ver las colinas verdes del País Vasco en la niebla mística qué no tiene nada que ver con España—tiene su propia cultura, lengua e identidad, gente con mucho corazón y su lucha apasionada por la independencia que siempre me fascinó. Lo que tiene en común con España es que la vida transcurre afuera, en la calle. La gente sale muchísimo y es muy fácil conocer gente. Cuando el sol que se pone lentamente en las playas va convirtiendo las fachadas bonitas de Donostia en un resplandor dorado, vuelvo al momento eterno y soy feliz junto con toda la gente que pasea alegremente por la preciosa ciudad.

San Sebastián, España, Junio de 2022

Salto de Fe 2

Pensaba que ya era una viajera experimentada, pero poco sabía. La aventura es cada vez mejor, la experiencia también y el aprendizaje nunca se detiene. Ahora miro hacia atrás divertida a los recuerdos de los últimos momentos duros que forman parte de toda aventura. La incertidumbre de dónde vas a dormir por la noche, el cansancio de llevar poco, pero todo lo que necesitas en tu vida realmente a la espalda bajo el calor español con el destino abierto. Miro hacia atrás divertida por los momentos que odiabas—comer frijoles en salsa de tomate tres días seguidos cuando estás lejos de todo y luego comer tus Calamares favoritos tres días seguidos en el bar local cuando finalmente llegaste de nuevo a la civilización que todo lo compensa junto con los pocos, pero especiales encuentros a lo largo de tu camino que nunca olvidarás mientras buscabas un lugar para instalarte un poco más de tiempo para volver a hablar con fluidez el español—una misión que casi habías abandonado mientras cruzabas montañas, ríos y mares y comprendes que cada paso de tu viaje fue y es siempre perfecto—que siempre estás en el lugar correcto—algo que a menudo solo ves mucho más tarde. Y, de repente, te encuentras trabajando con estas personas amables de España,

Colombia, Honduras, Rumanía y África que te abren todos ellos la mente y el corazón juntos en esta joya escondida de un hotel de 200 años de antigüedad en esta ciudad medieval a los pies de los Pirineos en la que tropezaste en un último intento mientras querías alejarte lo más posible del turismo comercial de masas y donde de repente consigues hablar los cuatro idiomas que dominas con los huéspedes y aprendes y aplicas nuevas y viejas competencias y te sientes emocionada por tu propia aventura y tu perseverancia y tu fe con las pesadas campanas españolas de la iglesia sonando en la escena de fondo mientras estás tumbada a la sombra de la ciudadela con el sonido de los grillos, y ahora sabes que puedes hacerlo en cualquier parte del mundo y que ya lo has hecho en algunos países—el salto de fe. Puedes ir a cualquier lugar y en cualquier momento cuando quieras marcharte de casa porque amas el descubrimiento de lo desconocido que forma parte de ti mismo y amas tu vida y te enriqueces por dentro.

Jaca, España, Junio de 2022

Afuera en el Mundo

Si paso demasiado tiempo dentro de las normas y programas de la sociedad, demasiado tiempo en las ciudades, me siento rápidamente atascada. Las rutinas me aburren. Cuando vago por el mundo, me lleno de imaginación y creatividad que no pueden florecer en un mundo de límites, en zonas de confort, dentro de la vida cotidiana de hacer siempre lo mismo, girando en círculos. Afuera me pongo fuerte y me siento libre.

Riglos, España, Junio 2022

¡Dejen sus Armas!

¿Defender su patria para qué? ¿De dónde viene este pensamiento?, ¿el mío?, ¿el tuyo? ¿Por qué los soldados que ahora se arman en todo el mundo—aquí en los Pirineos españoles hay miles que se preparan según me han dicho y los he visto en las montañas haciendo ejercicios de tiro—¿por qué cumplen las órdenes de los que gobiernan el país desde arriba en primer lugar? Defender su tierra es una mentira. Es un juego entre locos. El ser humano no es malo sino bueno en el fondo y está hecho para la comunidad que se basa en valores, la moral y el respeto y si te dicen lo contrario, no escuches a los locos. El que roba la tierra a los demas nunca será feliz con la tierra robada. Nunca podrás perder tu tierra. Deja que el loco se vuelva infeliz con la tierra robada en lugar de matarlo y sigue regando nuestra tierra porque en las manos del ladrón se va a secar.

Jaca, España, junio de 2022

La **Libertad** no se consigue con el derramamiento de sangre, si no en el fondo del corazón.

País Vasco, España, Junio de 2022

Viaje Viaje

No es en París ni en Bayona (ya conocía) donde he venido a celebrar estos últimos días de mi viaje especial, mi viaje épico. Es en la bonita y nada pretenciosa ciudad de Bayona, en el País Vasco francés, donde quiero celebrar este momento, la vida, a mí, a ti y a todo el mundo. Fue un viaje muy complejo, con muchas pequeñas alegrías, sorpresas, lecciones de vida, realizaciones extraordinarias, y un montón de desafíos en los que pude demostrarme a mí misma cada vez cómo no renunciar nunca a mis principios y a mi independencia incluso en situaciones difíciles y cómo confiar siempre en mi voz interior, en mi intuición a cada paso. Fue un viaje con todo incluido, con altibajos como la vida misma y al final lo que queda son solo sonrisas, buenos recuerdos y, una gran felicidad dentro del corazón. Las estaciones de mi viaje se manifestaron surfeando las olas de cada día, nada estaba planeado. Esto es lo que me fascina: lo desconocido. Los planes y las vacaciones no son para mí. La ilusión de que todo es perfecto de un momento a otro en un pueblo caro de vacaciones me deprimiría. Yo creo mi vida y mis vacaciones por mí misma en libertad total. Para mí, el verdadero viaje es una de las sensaciones más emocionantes. Formar parte de la vida cotidiana en el extranjero, este momento en el que te invitan a jugar a la petanca en la plaza central de un pequeño pueblo de campo, el momento en el que te invitan a comer con su familia, la gran paella es para todos. Lo más especial de un viaje son, sin duda, las sonrisas y los encuentros que nunca olvidarás y que te llegan al corazón y hacen que los viajes sean lo que son. Al final te acostumbras a las pequeñas diferencias de comida, clima, formas de vida y te das cuenta de que todos somos iguales, de que todos somos una gran familia. Pero el enriquecimiento que te dan los viajes—los diferentes perfumes, climas, colores, imágenes—son las cosas sin las que nunca podría vivir, son las cosas que me dan inspiración y satisfacen mi hambre de descubrir sin parar, aprender de la vida y hablar idiomas extranjeros nunca se acaba y no hay mejor escuela en el mundo que el viaje. ¡Viva el viaje, el viajero y la viajera!

Bayona, Francia, junio de 2022

Celebro mi libertad. Hoy y todos los días.

Aquitania, Francia, Junio de 2022

III. Tierra de Alma

Tu mundo es tan grande como tú lo hagas
Y el mío no tiene límites

Hébridas exteriores, Escocia, Agosto de 2020

Escocia

Tierra mágica de las hadas, los elementos, la libertad y
el amor eterno
Escondiendo tu escarpada belleza en lluvia brumosa
Para aquellos que te entienden, levantarás las nubes y
Reveleras tu alma en toda tu gloria
Me hiciste encontrarme en medio de la nada
Y me hiciste comprender que nada es todo
Que somos uno
Conectados a través de cada roca, hoja y susurro del viento
Y con cada pasajero que encontramos en este
precioso camino

Highlands, Escocia, Octubre de 2018

Sabor a Libertad

Contemplando el brillo del mar de plata
Que hace rodar suaves olas hacia mí
En mi bahía de arena blanca
En una isla lejana
De la carga del mundo y las preocupaciones de la gente
Donde gaviotas, focas y delfines son mi única compañía
Me encuentro en este lugar y momento perfecto
Que llena mi corazón de felicidad infinita,
Y todo hace sentido así.

Hébridas exteriores, Escocia, Agosto de 2020

Extraño en la Calle

Hola, extraño en la calle,
Acércate; vamos a conocernos.
Cuéntame tu historia; yo te contaré la mía
Me haces sonreír cómo bebes tu vaso de vino
Compartimos este momento y luego nos separamos,
Encuentros extraños en un lugar extraño
En este juego de nombre extraño
La vida nunca será la misma.

Cork, Irlanda, Junio de 2019

Lo que amas

Lo dejas libre

Esto es el amor más grande

Isle of Skye, Escocia, Junio de 2021

Skye

Skye
Juego cósmico
De blanco y negro
Día y noche
La oscuridad y la luz
Danza eterna universal
De las polaridades
Cada día es testigado en el
Ciel o

Isle of Skye, Escocia, Septiembre de 2022

Reyes y Reinas de los Corazones

Los verdaderos reyes y reinas no llevan una corona de oro y diamantes ni se sientan en un trono—gracias por el espectáculo final. Caminan a la misma altura que todos los demás y su corona solo es visible para quienes la llevan también. Consiste en la profunda realización de que todo el mundo es realmente igual, soberano, independiente y libre, sin importar su origen, color, ocupación, estatus y creencias. Es llevada por un cuerpo de luz manifestado a través de una conciencia de amor y unidad que reside en el corazón de cada uno para despertar y elevarse. Es una nueva era, es un nuevo amanecer, reyes y reinas de los corazones.

Isle of Skye, Escocia, Septiembre de 2022

Alma Gemela

¿Dónde estás?
Espejo mío
Nuestros corazones se van a unir
En el mar gris de la gente
Eres la vela que más brilla

Isle of Skye, Escocia, Octubre de 2022

IV. Tierra Natal

Fresas en Mayo

¿Por qué la noche sigue al día?
¿Por qué tenemos estaciones?
¿Marea alta y marea baja?
¿Fresas en mayo, frambuesas en junio y cerezas en julio?
El ritmo de la vida me desata

Sajonia, Alemania, Agosto de 2021

Primavera Temprana

Primavera temprana
Sal
Siéntate junto al arroyo, toma el sol, escucha el canto del pájaro
Come las primeras hojas
Y deja que la brisa fresca
Reviva tu espíritu

Montañas de Mineral, Alemania, Marzo de 2022

Gente de la Ciudad

Gente de la ciudad
Girando en círculos
Atrapados en su prisión de hormigón
Siempre corriendo
Buscando el próximo espectáculo
O escondiéndose en vuestros armarios
No conocisteis los secretos del mundo salvaje y libre
Que os da miedo
Porque no os recordáis a vosotros mismos

Sajonia, Alemania, Agosto de 2021

Tierra Natal

Y cuando los miles de anémonas que bordean mi camino
Y el canto del pájaro en el susurro de los abetos
Y el calor de la primavera surgiendo del suelo ya insinúa
el verano no tan lejano,
donde estaré tumbada en el musgo empapado de sol en mi
pequeño bosque que huele a bayas, a setas y a mi tierra natal
y mientras tanto disfrutaré de la maravillosa y colorida
vida en el gran vasto mundo,
Entonces, soy feliz.

Montañas de Mineral, Alemania, Marzo de 2022

¿Quién quiere dirigir el Mundo?

Los que dirigen el mundo construyen nuestro mundo sobre la ley y el orden, pero ¿quién es el que siente la necesidad de decir a los demás lo que está bien o mal y lo que deben hacer? Esto solo puede ser el resultado de una actitud de sentirse superior, lo cual es una forma de pensar muy peligrosa porque todo el mundo es realmente igual y desprecio cualquier idea de liderazgo o jerarquía porque siempre implementa una desigualdad, un desequilibrio, una injusticia. Si las personas no se centraran en un líder, empezarían a empoderarse aprendiendo a tomar decisiones sanas tanto para ellos como para los demás. El ego se reduciría por el descubrimiento de su propio corazón que naturalmente construye valores como la empatía, el respeto, el amor, la tolerancia y los límites desde dentro y no habría necesidad de controlar la sociedad desde arriba por medio del poder y del control. Pero comienzan con su programación y condicionamiento a una edad temprana donde los niños son intimidados y tienen que obedecer—a sus padres, en la escuela, hacer esto, hacer aquello y continúa en la vida adulta por cuando muchas personas han perdido completamente el coraje de defenderse a sí mismos—para tomar decisiones sanas para sí mismos, otros y con sus vidas y todo es debido a la falta de amor. Han perdido la capacidad de pensar libremente, de ser libres. De ser felices. Entonces, ¿quiénes son los que gustan de hacer leyes y órdenes para otras personas? ¿Los que no confían en que sus compañeros tengan la capacidad de tomar decisiones sanas por sí mismos? ¿Y por qué no confían? Porque no confían en sí mismos. No tienen amor y no queremos que el mundo siga siendo dirigido por aquellos que no tienen corazón, por narcisistas que no son capaces de dar pasos sabios hacia una sociedad sana y feliz basada en la igualdad y la comunidad en lugar de la concurrencia y la presión por el desempeño. Todo el mundo es bueno en algo y no habría necesidad de psicópatas dirigiendo empresas que el mundo no necesita o de los que están en la calle abandonados por la sociedad porque no hicieron la carrera. Todo el mundo podría cumplir su propio y especial rol en la sociedad si no se nos dijera desde pequeños que debemos encajar, sino que se nos animara a desplegarnos libremente en lugar de competir entre nosotros. Habría menos envidia, odio y egoísmo y desearíamos cooperar y aprender unos de otros. Puede que hayas oído hablar de algunas tribus nativas que no tienen líderes ni jerarquías, sino que viven en una verdadera comunidad en la que cada uno cumple su rol especial y en la que se respeta mucho a los ancianos sabios, pero ¿cómo trata la sociedad occidental a los ancianos? Deportación a un hogar de ancianos—adictos a las pastillas. Algo debe haber ido mal si acabas así y ¿cómo trataron las poderes coloniales a las tribus nativas? Las exterminaron y explotaron por una actitud narcisista de superioridad. Decirle a la gente lo que está mal o lo que está bien es realmente lo último que tenemos que hacer. Todo el mundo debe empezar a pensar por sí mismo y hay mucho que repensar. Repensar y reconstruir. Desde un lugar de amor. Porque no hay mayor poder que el amor.

Sajonia, Alemania, Mayo de 2022

Amor Cósmico

Gente sonriendo
La naturaleza en auge
Los sistemas requebrajándose
Nuevos caminos surgiendo
El amor cósmico

Sajonia, Alemania, Julio de 2022

Nacido para ser Libre

No hemos nacido para estar condicionados y pasar la mitad de nuestra infancia metidos en un edificio ejecutando órdenes de adultos que presumen de saber. No hemos nacido para ser programados. No hemos nacido para encajar. No hemos nacido para tener miedo. Nacido para descubrir. Nacido para crear. En sintonía con la naturaleza y todos los seres vivos. Nacido para ser libre.

Sajonia, Alemania, Julio de 2022

Julio

Dulce y cálida brisa de verano
Acariciando suavemente mis mejillas
Concierto de las hojas danzantes
Junto a vastos campos dorados de verano
Donde caen las primeras bellotas
Y las bayas de los pájaros están madurando
Los corazones se ensanchan
Por la gloria de la Creación

Montañas de Mineral, Alemania, Julio de 2022

Eternidad

Cuando estoy paseando por los campos
Contemplando las casas a lo lejos al pie de las verdes colinas
a la sombra del gran bosque
Me siento como un niña
El tiempo se para
Ante mis ojos un cuadro
Capturando un momento perfecto de la eternidad

Montañas de Mineral, Alemania, Agosto de 2022

Gotas de Oro

Unas gotas de oro
Lluvia dorada
Cayeron en la altura del verano del sol del atardecer
Divirtieron a los patos
Cuac cuac fuerte
Cuando toda la gente se haya ido
Vendrá la magia
El viento canta una canción
El búho hace su sonido
En mi lugar favorito
Mi pequeño y precioso espacio secreto

Montañas de Mineral, Alemania, Agosto de 2022

Verano

Verano mi verdadero amor
Nos llenaste con tu sobreabundancia
Empapada de vida
Días gloriosos sin fin
Pronto se desvanecerán
Hasta la próxima vez
Cuando nos enamoremos de nuevo

Montañas de Mineral, Alemania, Agosto de 2022

Gratitud

Agradecida por mi lugar de nacimiento, mi lugar de origen, las conexiones con mi familia y con otras personas especiales. Por mi hogar seguro en la naturaleza. Estoy agradecida por el país y el sistema que me han enseñado cualidades como la disciplina, la perseverancia y la sinceridad. Por ser una pionera valiente. El lugar que me dio la oportunidad de rebelarme, de despertar, de liberarme y de amar. Cada vez más.

Montañas de Mineral, Alemania, Septiembre de 2022

Sobre la Autora

Janet Kaufmann nació en la antigua RDA, en el Este de Alemania, donde fue testigo de la caída del Muro de Berlín cuando era niña. Se licenció en educación, psicología y lenguas extranjeras en la Universidad de Leipzig en Alemania. Además del alemán, habla con fluidez inglés, francés, español e italiano. Ha trabajado como profesora de escuela y profesora privada en Alemania, Rusia, Italia y Hungría, así como periodista para el departamento internacional de la televisión alemana MDR y la televisión francesa ARTE, entre otros muchos trabajos diferentes en Alemania, Francia, España, Mónaco, Inglaterra, Escocia y otros países para adquirir experiencia de vida y financiarse sus viajes.

Escribió su primer libro *Age of Liberation* en 2021 después de sumergirse en su propio camino de liberación, exploración y expansión. Este libro nos muestra cómo podemos alcanzar la libertad interior, la independencia, la conciencia de unidad, el poder y la liberación del condicionamiento y la programación de la sociedad y la cultura, recorriendo el camino del alma y cómo superar los sistemas de creencias limitantes.

La autora vive entre Alemania y otras partes del mundo a las que viaja con frecuencia para explorar, intercambiar, crecer, divertirse e inspirarse y para reunirse con amigos y su familia. Es embajadora de la libertad, la igualdad de derechos y la justicia a través del autoempoderamiento, la autorrealización y la orientación hacia el corazón, la naturaleza, la creatividad y la comunidad. Avoca por nuevas creencias liberadas, formas de vida y educación, así como por la diversidad y el multilingüismo. La escritura se ha convertido en una parte importante de la expresión en su vida con el deseo de su corazón de compartir mensajes de libertad, amor y unidad con el mundo. Es pianista y cantante. Le gusta bailar, hacer senderismo, esquiar, montar a caballo, la fotografía, el arte y la música. Le encanta pasar tiempo en la naturaleza y con su familia y amigos. Ama la vida.

Mi mente es tan clara como el aire del desierto
Mi conciencia es el cosmos
Mi corazón es el mundo
Mis pies son la tierra
Yo soy el océano, el viento y las estrellas
Tú eres el sol, yo soy la luna
Yo soy tú y tú eres yo
Somos Uno
Somos Amor

Conscious Dreams
PUBLISHING

Transforming diverse writers
into successful published authors

 www.consciousdreamspublishing.com

 authors@consciousdreamspublishing.com

Let's connect

CPSIA information can be obtained
at www.ICGtesting.com
Printed in the USA
BVHW071101301222
655309BV00005B/864